HISTOIRE

TOPOGRAPHIQUE ET PHYSIQUE

DE

CHATEAU-LANDON.

FONTAINEBLEAU, IMPRIMERIE DE E. JACQUIN.

HISTOIRE

TOPOGRAPHIQUE ET PHYSIQUE

DE

CHATEAU-LANDON,

PAR

P. E. POITEVIN.

> « Les paroles s'enfuient
> « Et l'histoire nous reste. »
> Prov.

PREMIÈRE ÉDITION.

A PARIS,
CHEZ DELAUNAY, LIBRAIRE, GALERIE DU PALAIS-ROYAL.
A FONTAINEBLEAU,
CHEZ CARRÉ-SOUBIRAN, LIBRAIRE, GRANDE-RUE, N.° 7.
A MONTARGIS,
CHEZ BOIVIN, LIBRAIRE, RUE DORÉE.

1836.

ÉPITRE DÉDICATOIRE

*A Monsieur **Clovis Michaux**, Procureur du Roi à Fontainebleau, Membre de plusieurs Sociétés littéraires.* (*)

Du Dieu du Pinde, ainsi que des neuf Sœurs
Bien qu'ignorant l'harmonieux langage,
Bien que jadis de plus savans auteurs,
Aient rapporté des traits de mon ouvrage,
J'ose, Clovis, t'en présenter l'hommage :
C'est, il est vrai, pour toi bien faible don ;
Mais que mon œuvre obtienne ton suffrage,
C'est aujourd'hui ma seule ambition.

POITEVIN,

_{Huissier au Tribunal de Fontainebleau, à la résidence de Château-Landon.}

(*) A l'occasion de cette épître dédicatoire M. Clovis

Michaux m'a fait l'honneur de m'écrire les lignes suivantes : les voici telles que je les ai reçues.

Fontainebleau, le 14 juillet 1836.

« Monsieur,

« J'ai reçu hier seulement la lettre que vous m'avez
» fait l'honneur de m'écrire le 30 juin dernier, et je
» m'empresse d'y répondre.

» J'ignore quel titre peut me valoir la dédicace que
» vous m'offrez ; mais cette offre est trop flatteuse et
» faite d'une manière trop aimable pour que je puisse
» la refuser. Je l'accepte donc, et vous en remercie
» d'avance.

» Seulement, je vous prie instamment de renoncer
» à toute épître louangeuse, soit en prose, soit en
» vers, et de vous borner à une dédicace réduite à sa
» plus simple expression.

» Je n'ai pas besoin d'ajouter que vous me désobli-
» geriez en y mêlant des éloges que je ne crois pas
» mériter.

» Recevez, je vous prie, Monsieur, l'expression
» de ma considération très-distinguée,

» **MICHAUX.** »

PRÉFACE.

De plus en plus le désir de connaître les antiquités de Château-Landon chatouillant mon esprit d'une manière étrange, je ne pouvais me lasser d'admirer les vieux édifices dont nous voyons encore les restes. A chaque pas que je faisais je rencontrais de nouvelles ruines, de nouveaux monumens délabrés, dont *la couleur antique et la robe séculaire* excitaient encore davantage mon envie d'approfondir ce qu'ils avaient été du temps de nos aïeux, et ce qui pouvait les avoir ainsi mutilés.

Ah! me disais-je, en examinant ces antiques constructions, il n'est point de ciment que le temps ne dissoude! Je me trompais un peu : ces dévastations n'étaient que le résultat des guerres et non l'ouvrage du temps. Ce point piqua ma curiosité et pour le coup Château-Landon me parut digne d'avoir son histoire particulière, son historiographe.

J'entrepris donc cette tâche et j'exhumai parmi les anciens auteurs, les chroniques, les chartes, etc., l'état topographique et physique de cette ville et même des communes dont elle est le chef-lieu de canton.

Peut-être trouvera-t-on mon entreprise un peu

hardie; mais il y aurait malveillance de la trouver blâmable ; car en reproduisant l'état antique et moderne d'une contrée qui laisse de si beaux souvenirs à ses enfans, je n'ai envisagé que l'intérêt commun.

Pénétré de cette idée et voulant écrire une histoire authentique et précise du Château-Landon vieux et du Château-Landon moderne, j'ai écarté toutes les notes indécises qui m'ont été données et n'ai transmis que des faits positifs et irréfragables. Les nombreux matériaux qui composent ce volume étaient épars dans une infinité de bouquins, d'archives de communes, de titres de particuliers, et il m'a fallu le plus grand soin pour les en extraire avec autant de précision.

Le Docteur Félix Pascal nous donnera assurément un résumé des faits que je fournis à mes lecteurs; mais lui n'habitant point comme moi les lieux, est-il à même de connaître toutes les particularités que je puis mentionner ? Peut-il dans les deux volumes qu'il destine à l'histoire entière d'un département, rapporter pour une ville particulière des développemens qui pourraient à peine tenir dans un volume ?

Non certainement : et puis ajoutons à cela que son histoire, étant un ouvrage de luxe et par conséquent très-cher, ne pourra être achetée que par des gens aisés qui la prendront *pour orner leurs bibliothèques* ; mais combien avons-nous de *petites gens* qui, ne pouvant approcher d'un si haut prix, seront contentes de pouvoir se procurer l'histoire de leur pays, à un prix qui se trouvera tout-à-fait à la portée de leur bourse. Ce n'est donc pas par esprit de spéculation, que je livre à la postérité le fruit de mes recherches, mais bien pour l'intérêt du public.

C'est lui que je prends pour juge de mes intentions; il est pour l'ordinaire un censeur difficile; mais j'aime à croire qu'il me rendra justice.

Château-Landon fut l'apanage de la Maison d'Orléans et la résidence de plusieurs potentats de notre France. Il a de plus mérité l'attention générale des rois qui l'ont considéré jusqu'au XVIme siècle comme le principal domaine de la Couronne.

Quoiqu'il n'ait pas aujourd'hui le même avantage, doit-on laisser ignorer pour cela sa splendeur passée.

Combien il est glorieux pour ce pays de pouvoir se compter parmi les prévôtés royales qui furent nommées capitales de comtés! Et combien je suis fier de pouvoir en transmettre des preuves à la postérité.

Plusieurs habitans de cette ville ignorent qu'environ soixante ans avant Jésus-Christ Château-Landon en imposait à l'armée formidable des Romains, et qu'elle obligea l'invincible et redoutable Jules César à stationner devant ses murs.

D'autres ignorent combien de fois cette malheureuse cité, qui fut jadis le foyer de la guerre, comme elle l'est aujourd'hui des procès, a été prise, brûlée et pillée par les ennemis de la France et par les Français eux-mêmes, qu'un élan religieux ou fanatique poussait à prendre les armes pour *s'entr'assassiner* les uns les autres.

Mon ouvrage démontrera tous ces faits et éclairera les lecteurs non seulement sur son état primitif; mais encore sur son état actuel.

Plus tard, des souvenirs qui nous échappent à nous-mêmes et qui sont enfouis dans des livres que la vétusté réduit en poussière, resteraient engloutis assurément sous le poids des années, sans le secours d'une histoire moderne.

Par conséquent, ceux qui nous succéderont devront me savoir gré de leur avoir transmis des notes si précises sur leurs propriétés et le berceau de leur enfance.

Je m'empresse donc de livrer à la publicité cette brochure dans l'espérance qu'elle sera accueillie avec bienveillance ; et si je puis être assez heureux pour mériter quelqu'attention de mes concitoyens, je me trouverai grandement payé du labeur que m'a occasioné toutes ces recherches.

HISTOIRE

ANCIENNE ET MODERNE

DE

CHATEAU-LANDON.

INSCRIPTION

Gravée sur une pierre scellée dans l'intérieur de l'église de Notre-Dame de Château-Landon.

N.*****, patriarche d'Antioche, évêque de Poitiers, et depuis archevêque de Rheims, exécuteur testamentaire de Simon SAMEDI (dit BONTEMPS), en son vivant serviteur et M.^{tre} d'hôtel dud. Monseigneur, et natif de cette paroisse, a donné pour faire le clocher de Céans, la somme de 355 livres dix sols tournois.

Priez Dieu pour lui. Amen.

1450.

HISTOIRE

DE

CHATEAU-LANDON.

CHAPITRE PREMIER.

CHATEAU-LANDON.

Château-Landon, désigné par les auteurs latins sous les différens noms de Castrum-Nautonis, Nautonense Castrum et Vellaunodunum, fut fondé par Samothes et Dryus, rois des Gaules; ce dernier était plein de religion, et établit ses principes dans tout son royaume. L'on dit même que c'est de lui que les Druïdes tirèrent leur nom. (*Heuminges, tom.* 1er, *sup.*) Il succéda à Sarron, son père, troisième roi des anciens Gaulois, ainsi que l'on peut s'en convaincre dans Diodore. (*Liv.* 6, *chap.* 9, *Dupleix. mém. des Gaul., liv.* 1er, *chap.* 16 *et liv.* 2, *chap,* 4.) Le premier, surnommé Dis, était fils de Japhet, fils de Noë. Ce fut lui qui donna aux prêtres théologiens et philosophes des Gaules, le nom de Samothées *ou* Samnothées. (*César. liv.* 6 *de Bello. Gall. Dupleix., mém. des Gaules, liv.* 2, *chap.* 2.) On ignore au juste l'année de la fondation de Château-Landon; mais il est au moins facile d'en savoir l'époque approximative en se reportant à Japhet, qui existait l'an du monde 1656 *ou* 2348 ans avant l'ère chrétienne et qui était le père de Samothes *ou* Dis, l'un des fondateurs.

Château-Landon était l'ancienne capitale du Gâtinais, la résidence des comtes de ce nom; de plus prévôté royale du baillage de Sens, ensuite de Nemours où l'on faisait les élections, et possédait le grenier à sel de ces contrées.

Cette ville est située dans le département de Seine-et-Marne, sur une colline, près le ruisseau du Fusin et le canal d'Orléans et de Loing. Cette contrée est abondante en grains, vins, bois et pâturages, elle se trouve entre Montargis et Nemours, à quatre lieues de ces deux villes, dix de Sens et vingt-deux de Paris.

Château-Landon possède les plus belles carrières de pierres dures qui soient en France. La pierre que l'on y extrait est excellente et à peu près semblable au marbre jaunâtre dont sont fabriqués les chambranles de cheminée de la plupart des anciens châteaux. Ce sont ces carrières qui en font le principal commerce.

Le nombre de ses habitans, d'après le recensement de 1827, est de deux mille cent vingt-neuf; mais il était autrefois plus peuplé qu'il ne l'est aujourd'hui; car en 1552 l'on comptait encore dans la ville trois mille feux et sept cent cinquante commerçans. L'historien du Gâtinais assure même que dans un temps plus reculé il était considérable et avait plus d'une lieue de longueur. Il assure aussi qu'il y avait à Château-Landon une rue que l'on appelait la rue des Chaudronniers, qui était fort étendue et qui allait rejoindre l'ancienne châtellerie de Sallemain possédée autrefois par le sieur Antoine du Bouchet, seigneur de Sallemain, bisaïeul de feu Henri du Bouchet, conseiller au Parlement de Paris, dont la mémoire a si bien mérité la vénération des amis des sciences et des livres; car, se sentant à l'approche de la mort, il légua au public sa bibliothèque qui était des mieux fournies, et la mit en dépôt entre les mains des chanoines réguliers de l'abbaye de Saint-Victor de Paris, auxquels il assura un revenu considérable pour l'entretien de cette bibliothèque et le renouvellement des livres. Cet homme respectable est mort âgé de soixante-un ans, à Paris, en 1654, et voulut être enterré en ladite abbaye de Saint-Victor. Il n'est pas fait mention dans l'histoire si Sallemain lui a appartenu, bien que ce fût une des propriétés de ses ancêtres. Ce domaine est à cinquante minutes de Château-Landon.

Il y avait aussi la rue des Juifs qui était très-spacieuse, et où ces derniers avaient leur synagogue, ainsi que nous l'indique une patente de l'an 1174, rapportée en l'histoire du Gâtinais, par laquelle Louis-le-Jeune leur défend l'exercice de cette religion.

En 1180, les juifs furent chassés de Château-Landon et leurs habitations dévastées. Il y avait parmi leurs propriétés plusieurs notables édifices, et entr'autres, l'hôtel de la Monnaie qui se trouvait sur une des places publiques de leur possession que l'on appelait place au Change.

L'hôtel de la Monnaie, ainsi que les autres monumens qui se trouvaient sur ce quartier, fut détruit, et il n'en reste maintenant qu'un pignon bâti en pierres de taille, et remarquable par sa forme et sa hauteur. Il domine d'une vingtaine de pieds les toits de la maison que l'on a construite à la place de ce mémorable établissement. Ce monument appartient actuellement à M. Louis-Alexandre Rathier, géomètre, et porte le nom de Porche.

Château-Landon avait et a encore plusieurs places publiques, entr'autres, la place de la Croix-Bossée, dite vulgairement, de la *Grande-Croix*, à cause d'une croix en fer élevée sur un très haut piédestal en pierres, ayant un énorme gradin à pans coupés et pavés. Elle est ornée de jeunes arbres, qui, dans quelques années, procureront un frais ombrage et en feront le principal agrément. Celle du Marché aux Dindes, celle de la Ville Forte, dite la *Petite-Place*, enfin, celle du Marché aux Grains et autres denrées, qui est vaste et charmante, mais des plus mal pavées.

Sur le midi d'icelle, l'on remarque une espèce de Tivoli (appelé *Larry*), que de nombreux tilleuls garantissent, par leur chevelure épaisse, d'un brûlant soleil d'été. Des bancs artistement arrangés au pourtour, procurent à ses habitans l'agrément et la commodité d'y respirer, à toute heure du jour, et dans la plus chaude saison, la délicieuse fraîcheur.

Il est impossible de décrire la beauté du paysage dont le Larry offre le tableau : l'œil du voyageur s'y arrête comme sur une des sept Merveilles du Monde ! ! !

Au premier aspect, le Larry offre aux regards des curieux, des jardins bien entretenus, des moulins à eau ; des prés émaillés de fleurs, traversés par un limpide ruisseau qui serpente au pied de verts peupliers dont la cime semble défier le ciel ; une montagne garnie de récoltes de toute espèce et sur laquelle on distingue plusieurs rustiques habitations ; enfin, plus haut, des bois touffus, formant le cercle autour de ce riant côteau.

A droite du Larry l'on remarque une vieille tour tombant de

vétusté et tenant à plusieurs bâtimens : *ce sont les tristes restes de l'ancienne abbaye de Saint-André*, sur laquelle je donnerai de plus amples détails dans le cours de cette histoire.

L'on remarquait aussi sur la rivière de Loing, dans une étendue de cinq à six lieues autour de Château-Landon, quatre ponts de pierre établis par Jules César, vers l'an de Rome 694, savoir : le pont de Souppes, celui de Dordives, du côté de Mez-le-Maréchal, celui de Fontenay, du côté de Ferrières, et celui de Cepoy, du côté de Montargis.

(Ces deux derniers ponts ont été détruits vers l'an 1589, pendant les guerres de la Ligue, par ordre du maréchal de la Châtre, pour arrêter les ennemis et conserver son domaine d'Égreville). Ce grand guerrier avait fait faire cette utile construction, pour que ses troupes se transportassent, sans encombre, à Orléans, Chartres, Étampes, Château-Landon, Melun, Corbeil, Grez, Montereau, Troyes, Auxerre, Autun et autres villes qui voulaient résister à son ambition démesurée.

César ne se contenta pas encore de l'établissement de ces ponts, il fit, à la même époque, un grand chemin qui conduisait directement d'Orléans à Troyes. Ce chemin passe à un kilomètre environ de Château-Landon ; il porte encore le nom de chemin de César.

Château-Landon avait, dans son enceinte, bien des fortifications et pouvait soutenir un long siège avant de succomber. Les forteresses principales étaient dans la rue dite de la *Ville-Forte*, et consistaient en de massifs remparts qui l'entouraient, et en trois portes monstrueuses, dont l'une existe encore en partie, et est transformée en Hôtel-de-Ville servant de mairie, de tribunal et sous laquelle est la prison. A cet Hôtel, tient une terrasse à laquelle on arrive après avoir monté trente-huit marches de pierre. Elle conduit à une tour qui est en partie détruite et qui peut encore s'élever à une cinquantaine de pieds du sol. Cette tour donne sur la route de Souppes, et, du dessus de ses murs, l'on distingue tous les alentours.

Cette terrasse et cette tour faisaient jadis partie des remparts de la ville. Un côté de cette première est masqué par des habitations appuyées contre; l'autre partie laisse au moins apperçevoir la campagne, et l'on remarque à ce bout, des murs démolis qui portent sept pieds d'épaisseur.

Il y avait aussi, parmi les fortifications de la ville forte de Château-Landon, une citadelle de la plus solide architecture, construite à grand frais, qui semblait *narguer* les canons de l'Europe entière, et qui, néanmoins, passa sous la faulx du temps. Il n'en reste aujourd'hui aucun vestige, si ce n'est dans l'histoire qui rapporte qu'elle servait autrefois à renfermer les prisonniers d'état.

Hugues de Puiset (ou *de Puiseaux*), comte de Chartres et seigneur de Château-Landon, ayant été excommunié, par l'archevêque de Sens, pour exactions et usurpations qu'il avait opérées sur le comté de Chartres, pendant la minorité de Thibault, son neveu, fut condamné au Parlement assemblé à ce sujet à Melun. Après cette condamnation, il fut poursuivi par Louis-le-Gros, qui le fit prisonnier, et mener en la citadelle de Château-Landon, où il fut détenu l'espace de deux ans.

Il ne sortit de cette prison qu'après la mort du comte de Corbeil, son oncle, dont il était héritier.

Les biens de ce dernier, unis à ceux dudit comte de Chartres, payèrent sa rançon.

Aussitôt que le Roi se vit possesseur des immeubles de ces deux comtes, au moyen de cet abandon, il rasa le château de la ville de Puiseaux, qui était, à cette époque, un fief mouvant de la seigneurie de Château-Landon, y fonda une abbaye et lui donna toutes les dépendances de cette contrée, pour subvenir aux dépenses des moines et de l'office divin.

Depuis, il en transféra les religieux au faubourg Saint-Victor, à Paris, en l'an 1113. Ce qui est justifié à la fin de cette histoire.

M. le duc d'Orléans fut seigneur de cette ville; elle était, à cette époque, Archidiaconé et Doyenné du Gâtinais, conférence de ce nom et divisée en quatre paroisses, savoir :

Notre-Dame, Sainte-Croix, Saint-Séverin et *Saint-Thugal*. Elle avait aussi autrefois dans sa banlieue, cinq abbayes : *Saint-Séverin, Saint-André, Cercanceaux, Ponfrault* et *Néronville;* et en outre, plusieurs prieurés et cures de l'ordre de Saint-Augustin à la nomination de l'abbé de Saint-Séverin : *Saint-Maurice, Notre-Dame de Bethléem, Saint-Pélerin* et *Saint-Loup Bézard*. Je vais maintenant donner au lecteur, tous les détails possibles sur ces différentes paroisses, abbayes et cures.

CHAPITRE II.

PAROISSE NOTRE-DAME.

L'église de Notre-Dame de Château-Landon est située dans la partie appelée la *Ville-Neuve*. Elle fut dédiée à la Vierge, le 8 mai 1548, par Jacques Aimery, docteur en théologie, et évêque de Calcédoine. Elle était une des succursales de la paroisse Saint-Séverin. Elle fut construite sur les fondemens d'une demi-lune, à laquelle on ajouta une aile basse.

On y remarque une tour extrêmement élevée, bâtie en 1450, en partie aux frais de monseigneur N...., patriarche d'Antioche, évêque de Poitiers, et depuis, archevêque de Reims, à la sollicitation de Simon Samedy (dit *Bontemps*), son maître d'hôtel, originaire de cette paroisse, dont il était exécuteur testamentaire; ainsi que l'on peut s'en convaincre par une pierre scellée actuellement à côté de la chapelle Saint-Séverin dans l'église de Notre-Dame, sur laquelle sont gravées, en ancienne gothique, toutes ces particularités.

Elle fut incendiée, en 1668, par le feu du ciel, ainsi que le rapporte l'*Histoire de tous les Siècles*, et la Gazette du 31 janvier de ladite année, dont voici un extrait:

« Le dix-neuf du mois de janvier, sur les cinq heures du
« soir; quoique l'air parût tout-à-fait serein, il s'éleva un tour-
« billon meslé de gresle, avec un éclat épouvantable du foudre,
« lequel, étant tombé sur le clocher de Notre-Dame de Châ-

« teau-Landon, l'un des plus élevés de la province, le réduisit
« en cendres, fondit les cloches et eût brûlé toute cette église,
« le feu ayant pris aux quatre coins de la charpente, sans un
« secours visible du Saint-Sacrement qui fut processionnellement
« porté par le supérieur de l'abbaye. On a sceu qu'à la même
« heure, il était aussi tombé sur les églises de Châlons et l'ab-
« baye de Chailly et qu'il les consuma presqu'entièrement. »

Gazette du 31 janvier 1668.

Richard Yves, de Château-Landon, ancien religieux de l'abbaye de Saint-Séverin, et, depuis quarante-neuf ans, prieur de Notre-Dame, se voyant sur le bord de sa fosse, résigna son titre de prieur au père Nicolas Riote, en 1649. Celui-ci en obtint aussitôt le visa et prit possession de cette paroisse, sans qu'il lui soit fait la moindre opposition; mais bientôt après, Yves étant mort et enterré au chœur de Notre-Dame de Château-Landon, il y eut procès pour la reddition des comptes de cette paroisse, arriérés depuis cinq années.

Le père Riote, ayant obtenu un arrêt en 1656, se les fit rendre devant lui.

Diverses pierres sépulcrales figurent dans le chœur de cette église; mais les inscriptions en sont presque totalement effacées.

Une seule placée proche le grand autel en l'honneur de deux victimes dont il sera parlé dans le chapitre V, page 23, peut encore être lue; aussi, vais-je la transmettre littéralement à mes lecteurs.

« Hic depositæ sunt reliquiæ reverendorum patrum Radulphi
« Delamothes sacerdotis, et Henrici Caillat, diaconi, hujus ec-
« clesiæ canonicorum regularium, qui mori legentes, potiùs
« quàm fidem catholicam ejurare, pro eâ martyres, hic occisi
« sunt ab hæreticis calvinistis, variis tormentis, cruciati. »

Anno 1567.

L'église de Notre-Dame de Château-Landon est d'une antiquité remarquable et d'une hauteur colossale, plusieurs historiens rapportent qu'autrefois elle était une des plus riches et des plus florissantes du Gâtinais ; mais aujourd'hui elle ne donne aucunement présomption de cette richesse passée à ceux qui la visitent. Tout démontre, dans son intérieur, la pauvreté et l'indigence. Elles s'y font ressentir depuis les bancs du lutrin jusqu'à la voûte qui tombe en lambeaux ; les ornemens en sont plus que modestes :

« Car tout passe et s'en va : cette église si fière,
« Qu'on vit si brillante autrefois ;
« Devient, de plus en plus, déserte, solitaire,
« Humble et pauvre tout à la fois. »

Imitation de Hect. Saint-Maur.

Plus tard, sans doute, on aura compassion de cet asile sacré, on lui rendra ses ornemens pompeux et on la remettra dans sa première splendeur.

Cette église qui renferme dans son sein les cendres de tant d'hommes illustres et respectables, tels que les Riotes, Yves, Desvoisines, Petits, Pasquets, Duplats, etc., mérite un meilleur sort que celui auquel elle est réduite. Depuis près d'un an la plus grande partie en est interdite aux fidèles, tant on craint qu'elle ne devienne leur tombeau !

Il est impossible de découvrir par qui elle fut rétablie depuis son incendie de l'an 1668, je m'abstiendrai donc d'en dire de plus à ce sujet.

Il n'existe plus actuellement à Notre-Dame que deux cloches dont une petite et une grosse qui ont été refondues en 1668, immédiatement après que le tonnerre les eût mises en lingots.

Cette dernière fut cassée en sonnant un *clas* le 2 septembre 1835, jetée en bas par une fenêtre de la tour le dix-huit avril

1836 et fondue en mai, même année. Les quêtes faites par par MM. Legros et Daguenet, jointes à quelqu'argent qu'avait à sa disposition la fabrique de cette église, complétèrent une somme assez forte pour en faire faire une autre. L'entreprise en fut donc proposée et acceptée par le même fondeur, qui s'est engagé à la livrer avec la grosse.

Cette faute me fournit l'occasion de dire qu'enfin les préjugés sont morts à Château-Landon ; car, quand il s'agit de donner un nom à ces deux enfans de billon, personne ne voulut en accepter la mission ; de sorte qu'il fallut recourir à des enfans de douze à quatorze ans, pour trouver des parrains et marraines.

C'est le fils de M. Barathon, dont il sera parlé au chapitre XII, qui tiendra la grosse sur les fonds baptismaux, avec mademoiselle Bertin, enfant puîné de M. Joseph Bertin, dont il sera aussi parlé dans le même chapitre. Il n'est pas encore arrêté qui se rendra représentant pour la deuxième.

CHAPITRE III.

PAROISSE SAINTE-CROIX.

L'église de la paroisse Sainte-Croix fut bâtie au XII.ᵉ siècle, par Philippe-Auguste, roi de France, dans l'emplacement et avec les débris d'un ancien château. Ce n'était primitivement qu'une chapelle sous le nom de Saint-Maurice, comme on le verra chapitre X.

L'abbé Étienne Vère ayant acquis la seigneurie de Bagneaux, et voyant que des prêtres séculiers s'étaient emparés de la chapelle Sainte-Croix, en 1188, s'adressa directement au Roi, pour en avoir la restitution. Le Monarque acquiesça à sa demande, et l'en mit possesseur, l'an 1189. L'abbaye de Saint-Séverin commit ensuite un de ses religieux à la desserte de Sainte-Croix, avec permission d'y faire les fonctions curiales dans le district qu'elle marqua.

L'an 1567, les calvinistes tuèrent le chapelain de Sainte-Croix, et pillèrent cette église. Depuis cette époque, cette dernière étant en ruines et sans desservant, ceux qui payaient la taille et allaient à Notre-Dame, demandèrent à y être admis pour le spirituel.

L'abbé de Saint-Séverin, comme curé en chef de cette église, leur accorda cette faculté, à condition qu'elle demeurerait pour chapelle à la collation de l'abbé.

En 1641, le présidial de Sens, l'official et le grand vicaire, défendirent de faire aucunes fonctions curiales à Sainte Croix.

L'archevêque intervint aussi dans cette suppression et l'ordonna par lettres patentes datées de la même année.

En 1662, Sainte-Croix fut concédée à M. de Chancepoix pour y faire la sépulture de sa famille.

Une transaction de ladite année autorisait les religieux de Saint-Séverin à prendre les matériaux de cette chapelle ruinée, M. de Chancepoix s'y était opposé; mais, peu de temps après, il ratifia cet acte, à condition que les cendres de ses ancêtres y étant déposées, une partie de l'église lui resterait pour en faire une petite chapelle sépulcrale. Cette demande, paraissant assez juste, lui fut accordée sans difficulté.

Malgré cette transaction, un frère convers étant allé chercher de ces matériaux en 1676, le seigneur de Chancepoix le frappa et lui donna même plusieurs coups d'épée qui le blessèrent grièvement.

Le convers se plaignit à justice des mauvais traitemens qu'il avait reçus. Il fut instruit contre ledit sieur de Chancepoix, et par jugement du 8 mai 1676, prononçant la prise de corps du gladiateur, il fut condamné en cent livres envers le religieux et en outre, en tous les dépens de la procédure.

Sorti de prison, M. de Chancepoix menaça encore les religieux; mais il fut honteusement contraint par l'abbé Séguier qu'il avait offensé, à venir lui en faire ses excuses; et depuis cette mystification, il les laissa faire à leur volonté.

Cette paroisse est actuellement réunie à Notre-Dame de Château-Landon, elle a presqu'entièrement perdu son nom, et de chapelle de dévotion qu'elle était, elle est devenue chapelle d'agrément qui porte aujourd'hui le nom de *Café du Midi*.

CHAPITRE IV.

PAROISSE SAINT-THUGAL

La paroisse de Saint-Thugal fut fondée en l'honneur de Saint-Étienne; mais depuis que le corps de Saint-Thugal y eut été apporté, elle en a gardé le nom.

Cette translation eut lieu l'an 903.

Elle s'étend partie en la vallée.

Il y avait autrefois des chanoines qui furent réunis à Saint-Séverin, ainsi qu'il résulte d'une Charte donnée par Louis-le-Jeune, roi de France, l'an 1151.

La châsse de Saint-Thugal fut brûlée en 1567 par les calvinistes, il n'y eut qu'un os de l'épaule de ce saint, qui fut préservé par le soin d'un habitant de cette paroisse, chez lequel se commettait ce sacrilège.

De l'église de Saint-Thugal, il ne reste plus actuellement qu'une vieille tour carrée, que des siècles n'ont pu détruire; ce monument, semblable en quelque sorte aux pyramides d'Égypte, donne sur la Ville-Forte et sur la vallée du Larry.

Une tourelle, formant un quart de ronde, y tient encore; sur le côté de Saint-Séverin, l'on remarque un portail excessivement bien fait et qui fatigue le temps. A côté, sont les décombres de l'église dont les énormes restes semblent menacer d'écraser les passans. Parmi les débris de cette antique maison du Seigneur, un escalier dérobé facilite le passage de la Ville-Forte à la rivière. Cet endroit est des plus remarquable, tant par sa forme, que par son emplacement.

Cette paroisse, depuis sa réunion à Saint-Séverin, fut desservie dans l'église abbatiale qui porte le nom de ce saint.

Maintenant que ces deux églises n'existent plus, elle est réunie à la paroisse Notre-Dame; bien qu'elle conserve toujours sa dénomination de Saint-Thugal.

Le seul os de ce saint, échappé comme par miracle au sort cuisant des autres, est déposé religieusement dans une châsse qui est maintenant dans l'église de Notre-Dame.

On a toujours pour lui la plus grande vénération, et les miracles opérés par l'intercession de ce saint, quoique fort anciens, sont connus de tous les habitans du canton de Château-Landon.

De tout temps, la fête de Saint-Thugal fut chômée en cette ville par des offices religieux.

Cet usage se continue toujours; mais je vois que l'affluence des dévots est bien diminuée : aussi n'y a-t-il plus de miracles !

En 1567, les paroissiens de Saint-Thugal demandèrent comme ceux de Sainte-Croix, à être admis, pour le spirituel, à Notre-Dame. Ce leur fut aussi accordé en raison de ce que leur église était en ruines.

En 1640, le père Riote, dont j'ai déjà parlé, sur une requête, par les sus-nommés, aux officiers du Baillage de Château-Landon et avec l'agrément de l'abbaye de Saint-Séverin qui dominait alors sur toutes les autres, permit que les fonctions curiales fussent recommencées à Saint-Thugal, par un religieux dépendant du prieur de Notre-Dame, auquel on assigna portion congrue sur le revenu de Saint-Thugal.

En 1641, les paroissiens demandèrent à l'abbaye, qui l'accorda, que cette desserte fût confiée aux soins de l'ancien religieux, que l'on appelait Pierre Michelet, s'obligeant de lui donner cent livres par an, outre les revenus qu'avaient ordinairement les prieurs.

A l'aide de M. Petit, conseiller à Château-Landon, ce religieux obtint, à Rome, Saint-Thugal, comme cure vacante ; mais, dans la même année, l'archevêque de Sens ordonna, par lettres patentes, qu'il ne serait plus fait aucune fonction curiale dans cette église.

Depuis cette époque, il ne fut plus chanté de messes à Saint-Thugal, et ce qui confirme encore plus ce fait, c'est que les anciens ignorent tout-à-fait quand cette suppression eut lieu ; ainsi je peux donc donner comme certain, que c'est le père Michelet qui fut le dernier desservant de cette paroisse.

Plusieurs habitations se sont élevées sur l'emplacement et avec les débris de Saint-Thugal. Elles ont toutes leur jour sur la vallée du Larry, et sont extrêmement élevées.

CHAPITRE V.

ABBAYE ET PAROISSE DE SAINT-SÉVERIN.

L'abbaye de Saint-Séverin, qui forme la quatrième paroisse dont la ville de Château-Landon est composée, doit son origine aux bienfaits de Childebert, roi de France, et remonte au VI.e siècle.

Clovis premier, père de Childebert, incommodé depuis longtemps d'une fièvre opiniâtre qui le rendait étique, pria, à la persuasion de Tranquillin, son médecin, Saint-Séverin, abbé du monastère de Saint-Maurice Diagône, de se rendre auprès de lui.

Le bruit des miracles de ce saint homme, ainsi que de ses vertus, était répandu par toutes les Gaules.

Ce religieux, cédant aux instances du Monarque, se transporta à la cour, où, après de ferventes prières, il revêtit le malade de sa tunique et le délivra ainsi de cette maudite fièvre qui l'aurait infailliblement conduit au tombeau, sans un secours si puissant.

Le Roi, pénétré de reconnaissance, lui offrit tout ce qu'il voudrait accepter de ses trésors; mais ce saint homme, méprisant les richesses de ce monde, ne demanda, pour unique récompense, que la liberté de tous les prisonniers de la ville : elle lui fut accordée.

Saint-Séverin, pour cette simple guérison royale, obtint, sans

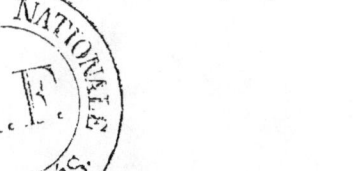

difficulté, l'amnistie de tous les prisonniers de Paris; c'est une preuve évidente qu'au VI.ᵉ siècle, elle était moins difficile à obtenir qu'au XIX.ᵉ J'en appelle au comte Gérard!

Clovis, non encore content d'avoir fait ouvrir les portes des prisons, en considération de ce saint, voulut encore le garder auprès de lui afin de protéger sa vieillesse; mais Saint-Séverin n'étant point né pour le tumulte de la cour, uniquement occupé de l'amour de la retraite, et ayant, en outre, un pressentiment de sa mort prochaine, ne songea plus qu'à se retirer.

Il quitta donc Paris au milieu des regrets de tous ceux qui avaient été témoins de ses miracles et de la sainteté de sa vie.

Il se rendit, près de Château-Landon, à un petit oratoire bâti seulement de bouc, où résidaient deux saints ermites nommés Paschal et Urcissin *ou* Vocissin.

Il n'y fut pas plutôt entré, que, voyant approcher son heure dernière, bien qu'il ne parut en lui aucun signe de maladie, il se munit des sacremens de l'église, qu'il se fit administrer par ces bons pères; et leur ayant recommandé Vesal *ou* Vital, son disciple, et Fauste son compagnon, qui l'avait suivi en France, et qui, comme lui, était de l'ancienne Helvétie, il fut appelé au ciel, pour y recevoir la récompense de ses vertus, le 11 février 506.

Paschal et Urcissin lavèrent son corps et l'inhumèrent en ce même oratoire qui est devenu par la suite si célèbre, par les miracles que, selon les historiens, Dieu opéra par l'intercession de ce saint religieux.

Clovis ayant appris que Saint-Séverin était mort, forma le projet de bâtir une église en son honneur; mais la Parque l'ayant enlevé, avant qu'il eût accompli ce louable dessein, il en donna l'ordre aux princes, ses enfans.

Childebert fut celui de ces derniers qui fut appelé au trône de

France; mais malgré la renommée des miracles de Saint-Séverin et l'ordre de son père; il laissa écouler encore plusieurs années avant de commencer ce bel édifice; ce ne fut qu'en 545 qu'il s'y décida.

Il fit construire une église magnifique en la place du modeste oratoire où étaient déposés les restes de Saint-Séverin. Sigebert, roi de Metz, frère de Chilpéric, l'un des rois de France, en reconnaissance des miracles qui s'y étaient opérés depuis quelques années, y fit bâtir une superbe abbaye qui en porte le nom, augmenta l'église construite par Childebert et la dot dont la munificence de ce prince l'avait pourvue, et lui adjoignit de riches revenus pour l'entretien de l'office divin.

L'an 774, pendant que Charlemagne, roi de France, était au secours des églises et des papes que les Lombards affligeaient horriblement, les Saxons, qui lui avaient promis fidélité, firent une irruption en France, et après avoir ruiné toutes les églises de la Champagne et du Sénonais, où ils massacrèrent tous les prêtres et religieux, notamment à Sens, où ils brulèrent trois abbayes, ils attaquèrent Château-Landon, qui résista à leur attaque. Mais ces furieux, habitués à voir tout céder devant eux, se trouvèrent tellement irrités de se voir ainsi repoussés par les Château-Landonnais qu'ils brûlèrent, en dehors, la tour et partie de l'abbaye qu'ils pillèrent impitoyablement.

Les religieux se réfugièrent aussitôt dans la Ville-Forte, avec la châsse dans laquelle était le corps de Saint-Séverin.

Charlemagne, victorieux des Lombards, ayant appris les désastres causés par les Saxons dans son royaume, se mit aussitôt en marche pour les en punir. Il les chassa honteusement de Saint-Séverin, leur reprit tout le butin qu'ils avaient fait, dans les villes où leur fer s'était fait sentir et fit revenir une partie des religieux à l'abbaye, ainsi que la relique que leur zèle avait sauvée des mains profanes des ennemis.

Deux de ces religieux, étant restés à la ville pour y faire les offices, pendant les troubles, ont été logés où est le presbytèr de Saint-Thugal. Ce démembrement de la communauté et cure de Saint-Séverin, produisit, dans la suite, la collégiale et cure de Saint-Thugal.

L'abbaye fut rétablie, en 1157, par Louis VII. Il ajouta, aux biens que possédait Saint-Séverin, un moulin dit le *Moulin des Ponts-Percés*, qu'il acquit par acte de l'an 1157, dans le fief de Guévy, comte de Château-Landon. Cette vente eut lieu moyennant cent sols de rente annuelle, à prendre sur Lorris.

L'abbaye de Saint-Séverin fut desservie jusqu'au XIIe siècle, par des clercs ou chanoines séculiers. Louis VII, dit le Jeune, y avait, en l'an 1139, substitué des chanoines réguliers tirés, à ce qu'on croit, de Saint-Jean-les-Sens.

Hugues de Coucy, archevêque de Sens, y réunit l'abbaye de la Nosaïe, près de Nemours, sur la route de cette ville à Montereau-faut-Yonne.

Cette abbaye est actuellement transformée en un château délicieux qui procure tous les avantages de la campagne à ceux qui l'habitent, il dépend de la commune de Nonville qui n'existait pas du temps qu'il était abbaye.

Cette dernière avait été fondée par Henri, fils de Louis VI, dit *Legros*, avant qu'il eût embrassé la règle de Citaux; mais les revenus ne suffisant pas pour l'entretien et la nourriture des religieux, Geoffroy, qui en était l'abbé, acquiesça facilement à cette suppression, qui fut faite vers l'an 1150, en faveur de Garnier, premier abbé de Château-Landon. Louis VII accorda à Jean Vère, sixième abbé de cette maison, le prieuré de Saint-

Sauveur, de Melun, avec un terrain à Château-Landon pour y bâtir un Hôtel-Dieu.

Guillaume de Champagne, archevêque de Sens, consentit à ce que les chanoines de Saint-Séverin eussent le droit d'en nommer l'administrateur.

Les Anglais ayant été honteusement chassés en 1426, de devant les murs de Montargis, qu'ils assiégeaient depuis trois mois, par le sieur Pierre Viole, gouverneur de cette ville, allèrent assiéger Milly, et, en passant, surprirent Château-Landon d'assaut, et le brûlèrent.

Le peuple se réfugia dans le château du fort et dans l'abbaye, avec quantité de fourrages. Le feu y prit malheureusement, consuma le grand corps de logis du midi et la nef de l'église. Le chœur en fut sauvé seulement avec les reliques et la châsse de Saint-Séverin.

Un religieux, plein de zèle, passant à travers les flammes, alla descendre cette châsse par la fenêtre qui était derrière; mais son ardeur religieuse, moins brûlante que le feu des ennemis, lui coûta la vie.

Il mourut à demi brûlé.

Mathurin Gaulthier, âgé de cent vingt ans, dépose, dans l'enquête à ce sujet, de l'an 1529, qu'il avait vu ces incendiés n'ayant alors qu'environ vingt-trois ans, et qu'il ne restait à Saint-Séverin qu'un tout petit chœur.

Les Anglais prirent, outre l'abbaye de Saint-Séverin, la citadelle de la Ville-Forte et la livrèrent au pillage le plus affreux. Il se fortifièrent dans ces deux places et les gardèrent jusqu'en 1437.

Le Connétable les reprit alors d'assaut et fit le plus grand carnage parmi les rangs ennemis; presque tous périrent sous le fer de ses braves soldats.

Cette défaite n'intimida pas encore les Anglais; car, en 1468, ils s'en rendirent maîtres de nouveau, et livrèrent tout Château-Landon aux flammes. Jacques d'Aubusson fit depuis relever, à grands frais et à ses propres dépens, ce qui avait été détruit par le feu

En 1556, une bande de brigands, sous le commandement de M. de Beaumont (ou *le chevalier du Boulay*), appelé par les historiens, le grand larron du Gâtinais, entrèrent furtivement dans l'église de Saint-Séverin et y volèrent le bras de ce saint. Découverts, ils s'enfuirent au plus vite dans la forêt de Fontainebleau.

Ils y déposèrent cette relique dans son enveloppe qui portait son inscription au pied d'un arbre et n'emportèrent avec eux que le reliquaire d'argent.

Des bergers les ayant aperçus de loin, s'en approchèrent après leur retraite; et, surpris d'apercevoir une lumière au pied de cet arbre, ils allèrent en avertir le curé de Sorques.

Celui-ci vint accompagné des officiers des eaux et forêts de Melun et nombre de paysans.

Ayant reconnu à l'inscription que c'était le bras de Saint-Séverin, ils le portèrent religieusement en l'église de Sorques, de-là, en celle de Nemours, dont le clergé et le peuple vinrent processionnellement à sa rencontre, et le reconduisirent en son abbaye.

Ce fait est certifié par un procès-verbal qui fut dressé par les officiers dont je viens de parler, et signé par plusieurs témoins parmi lesquels figurait un des religieux de Ferrières, qui en délivra l'expédition le 16 octobre 1556.

En 1567, le prince de Condé, à la tête d'une bande d'allemands endurcis dans l'hérésie, pilla Château-Landon et l'abbaye de Saint-Séverin. Ils emportèrent quantité de meubles et d'ornemens précieux de l'église, estimés trente mille francs, desquels ils chargèrent quatre charriots.

La châsse d'argent de Saint-Séverin, faite sous Dagobert I.er, par Saint-Éloi, orfèvre de l'abbaye de Saint-Denis, fait évêque en 645, échappa encore à leur fureur. Les religieux l'avaient soigneusement cachée et s'étaient réfugiés avec elle dans les bois.

Les ennemis ne trouvant à Saint-Séverin que le chantre Raoult Delamothes, âgé de quatre-vingts ans, et le sieur Henri Caillat, jeune diacre qui l'assistait, leur firent endurer les plus cruels tourmens pour les contraindre à renoncer à leur religion ; mais leurs efforts ayant été inutiles, ils tuèrent le diacre et traînèrent le vénérable vieillard à la queue d'un cheval, autour de toute la ville de Château-Landon, en lui donnant d'horribles coups de bâton.

Ils s'arrêtèrent enfin à la Croix du Temple, sur le chemin de Mézinville, l'un des hameaux de cette ville, et là, ils l'empalèrent.

Après l'avoir laissé souffrir long-temps sur son pieu, ils jugèrent à propos d'assouvir leur rage d'une manière, sinon moins cruelle, mais plus expéditive, en finissant de le tuer à coups d'arquebuse.

Ce digne homme endura tous ces supplices avec une patience qui étonna jusqu'à ses bourreaux.

L'histoire rapporte qu'ils ne profitèrent guère de cette victoire ; car, au mois de mars 1569, la plupart d'entr'eux furent détruits à la bataille de Jarnac, comté en Angonnais, situé sur la rivière de Charente, entre Château-Neuf et Cognac, où le prince de Condé lui-même fut tué par Montesquiou, un des principaux chefs de l'armée du duc d'Anjou, Henri de France, qui fut depuis le roi Henri III.

C'est de cette victoire remportée par la ruse du duc d'Anjou, sur les Huguenots, qui s'étaient rendus maîtres de ce bourg, qu'ils avaient fortifié et dont ils tenaient le pont, que le proverbe du *Coup de Jarnac* est venu.

Prejent Dumoustiers *ou* de Mouthiers, fils du seigneur de Courtempière, gouverneur de Château-Landon et de la maison de Sarragosse, avait pris possession de cette abbaye, le 7 août 1541.

Il eut beaucoup de procès à soutenir contre les religieux, tant au grand Conseil qu'au Parlement, pour les biens qui devaient lui revenir comme abbé, le partage en fut fait en 1547, et quelque temps après, vers l'an 1560, comme la duchesse de Ferrare, fille de Louis XII, résidait à Montargis, son apanage, Dumoutiers suscita des erreurs dans la cour de cette princesse. Il tenait des assemblées de calvinistes dans son abbatiale; mais Dieu, pour le punir de son hérésie, frappa de son tonnerre l'abbaye pendant qu'il prêchait, et en brûla la meilleure partie. Belzébut, sans doute, sauva cet hérétique d'un si grand danger; car il mourut long-temps après et fut enterré dans le jardin de Courtempière, proche Château-Landon.

Cette abbaye fut toujours sous la juridiction des archevêques de Sens, qui donnaient commission spéciale et permission d'y faire les élections d'abbés et de prieurs.

Ils faisaient des réglemens et des statuts pour les religieux. M. de Salazan en fit en l'an 1496. M. de Bellegarde visita cette maison en 1627, il y continua, en 1631 et 1635, l'élection du prieur Claustral, premier abbé commandataire, en remplacement de Jacques d'Aubusson qui avait mis la réforme en l'abbaye, l'an 1497.

Pour établir cette réforme, il avait fait venir neuf chanoines de la congrégation de Flandre du monastère de Wendesheims (ou *Vindézens*), et leur donna pour prieur Jean Monbrurmes, que d'autres auteurs appelèrent Mauburus, qui fit le calendrier des constitutions adoptées par toutes les maisons de sa congrégation, pour l'abbaye de Saint-Séverin.

C'était un homme aussi respectable pour sa piété que distingué par son érudition.

Plusieurs maisons embrassèrent à l'envi cette réforme, et formèrent une congrégation sous le nom de *Saint-Séverin*, composée des abbayes de Césoir, proche Tournay, de Notre-Dame de Livry, de Notre-Dame de Chaage, de Meaux, de Notre-Dame de la Victoire, de Senlis, de Saint-Acheul, d'Amiens, de Notre-Dame de Pernay, de Saint-Martin, de Nevers, des prieurs de Saint-Sauveur, de Melun, de Saint-Maurice, de Senlis, de Saint-Samson, d'Orléans, et de plusieurs monastères.

Cette congrégation fut unie à celle de Saint-Victor, de Paris, jusqu'en l'an 1624 qu'elle s'en sépara. En 1636, elle se réunit aux chanoines réguliers de Sainte-Geneviève, de Paris qui furent presqu'aussitôt réformés.

Le prieur Monbrurmes (ou *Mauburus*), dont je viens de parler, mourut abbé de Livry, en 1509.

Les brigands, qui formaient la bande que commandait le chevalier du Boulay, ayant appris des mouchards du pays, que les Allemands n'avaient pu découvrir le lieu où était cachée la châsse de Saint-Séverin, résolurent d'employer tous les moyens possibles pour se l'approprier.

Ils entrèrent donc nuitamment dans l'abbaye, enlevèrent trois religieux et les menèrent à Étampes, où ils leur donnèrent la torture, pour leur faire déclarer où était cette châsse.

Les autres religieux, ayant appris les mauvais traitemens qu'essuyaient leurs confrères, traitèrent de leur rançon, qui fut fixée à cent cinquante livres (somme énorme pour cette époque).

Il fallut vendre l'argent dont la châsse était revêtue pour faire cette somme, et comme le prix excéda la rançon de ces malheureux, ils firent faire, avec le surplus, une autre châsse en bois doré.

On comptait alors dans cette abbaye vingt-quatre moines réguliers, treize commandataires et l'abbé Trécourt, vicaire général des abbés, qui en était le titulaire.

L'abbaye de Saint-Séverin fut encore ravagée par les brigands du sieur de Beaumont, l'an 1569.

En 1587, sous le règne de Henri III, les protestans d'Allemagne ayant envoyé à l'armée huguenote de France, trente mille hommes pour se rendre de Montargis, en Beauce, ces derniers attaquèrent, en passant, Château-Landon, qui fut défendu courageusement par le général Lamour, vingt-cinq soldats et cent paysans.

Les ennemis parvinrent à faire une petite brèche au mur du nord, par le moyen de quatre cent seize coups de canon, et se jetèrent en toute hâte dans la ville.

S'étant emparés des braves défenseurs de cette dernière, ils consentirent à les laisser sortir, vie sauve pour tout butin, et pillèrent l'abbaye et la ville.

Le maréchal de la Châtre voulait porter des secours aux malheureux Château-Landonnais; mais le conseil de guerre ne voulut pas risquer une bataille qu'on devait chercher à éviter. Le duc de Guise, plus hardi, vint à leur rencontre avec trois mille hommes et les défit entièrement.

L'abbaye fut encore pillée, en 1589, par un Huguenot, partisan de Henri IV, nommé Tignouville, qui exerça les cruautés les plus inouïes sur les moines.

L'abbé de l'Hôpital résigna cette abbaye, vers l'an 1607, à Charles Fougère, aumônier du Roi.

Le journal de Saint-Séverin, commencé en 1639, et continué jusqu'en 1669, par le père Parmentiers, porte, entr'autres choses, que M. Dupont, qui en mourut prieur en 1627, âgé de quatre-vingt-un ans, en avait maintenu le spirituel et le temporel.

Elle fut, par la suite, supprimée comme toutes les autres. L'église en est presqu'entièrement disparue, et il ne reste plus de ce colossal bâtiment, que les rois s'étaient plu à fortifier et à abattre, qu'une modeste maison d'habitation qui est fortifiée, sur la rue Basse du Larry, par d'énormes piliers en pierres qui montent jusqu'à environ trois pieds du toit, dans la même dimension qu'ils sont en bas, et s'élèvent ensuite en ascension jusqu'à l'entablement.

Elle est encore défendue par une tour majestueuse, que l'on a peine à mesurer de l'œil; les bâtimens sont de la même hauteur. Un ancien pignon de la plus grotesque architecture, dans lequel sont pratiquées plusieurs fenêtres, donne vis-à-vis la place du Larry :

Là, dessus son balcon, l'œil fixé sur la plaine,
En poussant un profond soupir,
Par les beaux soirs d'été, la jeune châtelaine
Regarde au loin si elle voit venir......
S. M. P. P.

Le côté fortifié, dont j'ai parlé plus haut, donne sur toute la vallée; et, vu sa hauteur gigantesque, il procure la vue du plus beau travail de la nature.

Le devant de cette espèce de castel est enjolivé par de superbes jardins qui, pour l'ordinaire, sont bien entretenus et procurent à leurs propriétaires, l'utile et l'agréable. Ils se trouvent masqués par de vieux bâtimens qui servaient autrefois de cloîtres, aux religieux qui l'habitaient, et qui sont maintenant convertis en magasins à chaux et à plâtre.

Sur le côté, existe une terrasse regardant la tour de Notre-Dame, de Château-Landon. Elle est élevée d'environ cent pieds au-dessus du sol de la rue Basse du Larry, ombragée par les rameaux épais d'une quantité de maronniers, et chacun s'accorde à dire qu'elle ferait le plus grand agrément de la ville, si l'on pouvait librement s'y promener.

L'abbaye de Saint-Séverin est le morceau d'architecture le plus remarquable de nos jours.

De vastes souterrains y sont pratiqués et plusieurs personnes dignes de foi, m'ont assuré qu'il y avait été trouvé, il y a quelques années, plusieurs squelettes; ce qui ne laisse aucunement douter qu'ils servirent autrefois, aux doux, saints et miséricordieux moines à envoyer *in pace*, ceux qui étaient assez malheureux pour leur déplaire.

Les victimes qui entraient une fois dans ces sombres demeures, pouvaient bien chanter comme Desportes :

« Douce liberté désirée,
« Déesse où t'es-tu retirée,
« Me laissant en captivité?
« Hélas! de moi ne te détourne!
« Retourne, ô liberté retourne,
« Retourne, ô douce liberté?

« Quel charme ou quel dieu plein d'envie
« A changé ma première vie,
« La comblant d'infélicité!
« Et toi liberté désirée,
« Déesse où t'es-tu retirée?
« Retourne, ô douce liberté?

« Las! donc : sans profit je t'appelle,
« Liberté précieuse et belle!
« Mon corps est trop fort arrêté :
« En vain après toi je soupire

« Et crois que je puis bien te dire :
« Pour jamais adieu, liberté ! »

Saint-Séverin, comme l'on voit, a été de tout temps remarquable et ne cessera probablement pas de l'être; car, selon toute apparence, il durera plus que le monde.

Depuis l'an 1651, qu'elle fut rétablie par les religieux, la maison de Saint-Séverin n'eut jamais besoin de réparations extérieures; et si la main du maçon y a été employée depuis cette époque, ce n'est que pour en rendre l'intérieur plus commode à l'habitation.

Pour ce rétablissement de l'an 1651, les religieux avaient obtenu du Roi, du duc de Nemours et de l'archevêque, la permission d'abattre les restes de l'Hôtel-Dieu, qui avaient été en partie détruit dans les guerres mentionnées dans ce chapitre, et d'en prendre les matériaux; mais, lorsqu'en vertu de ces permissions, ils envoyèrent les charger, les Château-Landonnais brûlèrent les charrettes et coururent à coups de pierres le procureur de l'abbaye qui fut forcé de passer la rivière à la nage pour se sauver.

L'abbaye fit venir un conseiller au Parlement, pour en informer, et les habitans obtinrent un sursis pour cette démolition. Rien n'annonce qu'elle ait eu lieu.

Château-Landon est fier de posséder un monument, tel que l'abbaye de Saint-Séverin, tant sous le rapport de son antiquité, de sa forme, que sous celui de tous les événemens remarquables dont ce lieu fut le théâtre.

Saint-Séverin a mérité l'attention des plus anciens rois de la monarchie française; ce serait donc à tort de ne pas le rappeler au souvenir de la branche régnante, d'autant plus, qu'il fit jadis partie de l'apanage de ses aïeux; c'est pourquoi j'en ai donné jusqu'aux plus minutieux détails.

CHAPITRE VI.

ABBAYE DE SAINT-ANDRÉ.

Saint-André de Château-Landon était autrefois abbaye de l'ordre de Cluni, où étaient nombre de religieux. Vers l'an 1656, elle était possédée par monseigneur Antoine Godeau, évêque de Grasse. C'était un des plus illustres et des plus savans prélats du XVII.e siècle; de plus, il était poète et membre de l'académie française. Il parut beaucoup dans les assemblées du clergé de France, fit plusieurs ouvrages littéraires, et entr'autres, un poème de Saint-Paul, une histoire de l'église, etc. Il fut enlevé à ses concitoyens, par suite d'une attaque d'apoplexie, le 21 avril 1672.

Un an environ, avant la mort de ce saint prélat, l'abbaye de Saint-André fut réduite en simple prieuré à la nomination de l'abbé de Ferrières.

Il y eut aussi des religieux de l'ordre de Saint-Benoît, auxquels le pape Innocent IV accorda une bulle datée de Lyon, du 6 mai 1243, par laquelle il les exemptait de toutes redevances.

Saint-André fut détruit par les rêtres allemands, lorsqu'il était encore abbaye, vers l'an 1587. Il est impossible de savoir par qui il a été rétabli et mis en prieuré.

Il fut encore dévasté après son rétablissement; car il n'en reste plus aujourd'hui que les décombres, dont on a bâti une ferme, possédée depuis long-temps par la maison Moreau de Chancepoix, l'une des plus riches du canton de Château-Landon.

Des réjouissances publiques ont lieu, tous les ans, le 30 novembre, dans la cour de Saint-André, aux frais de la famille Moreau, qui, pour l'ordinaire, préside la fête.

De tous les édifices consacrés au culte, qui étaient à Saint-André, l'on ne voit plus qu'une partie de la tour qui est encore plus élevée que tous les bâtimens qui l'environnent.

Ce qui nous reste de cette tour, nous présente une masse de pierres carrées, très-spacieuse, et d'une construction tout-à-fait recherchée.

Ces débris sont suffisans pour nous faire dire, sans crainte d'être démentis, que cette abbaye a été considérable; mais tous les jours ils sont menacés d'être mis au néant, et si jadis la ruine de Saint-André excita les regrets des Château-Landonnais, l'on pourra bien, en conscience, déplorer la perte de ce qui en existe encore aujourd'hui, si la foudroyante mine parvient enfin à effacer ce que tant de siècles ont respecté.

Cet antique monument est placé dans la position la plus apparente de Château-Landon, proche le hameau de Gasson, sur le chemin de cette ville à Montargis. La place du Larry reproduit la belle vue de Saint-André, les désastres que le temps et les guerres civiles y ont occasionnés, et ce serait vraiment une grande perte pour le pays, si les propriétaires de ce vénérable édifice, effectuaient leur projet, de le détruire.

Espérons donc que, pour la mémoire de leur pays, ils le laisseront exister tel qu'il est en ce moment.

La cour de cette habitation est charmante par l'émail de ses gazons et les jeunes arbres qui s'y élèvent. Elle est entourée de murs, et a son entrée sur la rue de Gasson.

Plusieurs autres maisons habitées, situées, les unes dans le bas de Saint-André, proche la rivière, et les autres, dans le haut, proche la tour, portent aussi la dénomination de Saint-André. Elles ont sans doute été construites avec les débris de l'abbaye; car elles ne paraissent pas très anciennes.

CHAPITRE VII.

ABBAYE DE CERCANCEAUX.

Le roi Philippe-Auguste, poussé par un élan religieux, et voulant donner une preuve de son affection à Château-Landon, fit bâtir, en l'an 1190, dans les marais qui regardent la partie orientale de cette ville et proche la rivière de Loing, une abbaye à laquelle il donna le nom de Cercanceaux.

L'église en était très vaste et richement décorée par les ornemens et tableaux précieux que ce monarque y fit transporter.

Peu de temps après la dédicace, il y fit enterrer le cœur de Jeanne, sa fille, duchesse de Bretagne et comtesse de Château-Landon, dont le corps a été déposé en l'église de Ponfrault; ainsi qu'il sera rapporté ci-après.

Il y avait à Cercanceaux des religieux de l'ordre de Citaux, et il paraît même, suivant l'histoire du Gâtinais, que l'église passait pour une des plus belles de France.

Cette magnifique fondation eut lieu par les soins de Henri Clément, seigneur d'Argentan et de Guillaume de Champagne, cardinal et archevêque de Reims.

Pour gratifier le premier de l'assiduité avec laquelle il poussa cette construction, Philippe-Auguste le fit maréchal de France, lui donna la seigneurie du Mez-en-Gâtinais, et comme il était homme de très-petite taille, il fut surnommé le petit maréchal. Il mourut à la bataille de Bouvines. Il avait épousé une fille de la maison de Nemours, de laquelle il eut Jean Clément, que

Philippe-Auguste conserva en la charge de maréchal de France, malgré sa grande jeunesse; ses descendans y ont été aussi conservés, et c'est de-là que leur terre du Mez-en-Gâtinais, proche Château-Landon, fut surnommée Mez-le-Maréchal.

Autrefois, ce domaine était un membre dépendant du comté du Gâtinais et de la seigneurie de Château-Landon, et de plus, faisant un des ressorts de cette dernière. Ceci est plus amplement éclairci, dans les chroniques d'Auxerre et de Flandre, et par Guillaume-le-Breton. (*In Phill., Danteuil, Hist. des Minist. d'état Leferon, Godefroy, etc.*)

Dans l'église de Cercanceaux, suivant l'historien du Gâtinais, gisent encore plusieurs princes et princesses et autres notables seigneurs, qui y furent inhumés pendant la possession qu'avaient les rois de France, du comté du Gâtinais.

Cette abbaye est maintenant transformée en une papeterie, qui occupe beaucoup de monde pour son exploitation.

Il serait impossible aujourd'hui de se douter que cet établissement ait jamais été consacré au culte catholique. Cependant plusieurs personnes m'ont assuré y avoir entendu la messe : ce qui prouverait qu'il n'y aurait pas long-temps qu'il a été réduit en papeterie.

Cercanceaux se trouve dans le milieu d'une prairie assez productive; il est composé de plusieurs habitations, et dépend actuellement de la commune de Souppes.

Cette contrée est charmante quoiqu'elle soit dans une vallée. De nombreuses plantations y ont été faites, ce qui, dans la belle saison, procure des promenades ombragées et fraîches.

Cercanceaux a un aspect majestueux et imposant; il se trouve à un kilomètre environ de la grande route de Paris à Lyon.

Plusieurs bois situés près de cet établissement, portent le nom de *Bois de Cercanceaux*, et enrichissent encore ce joli vallon.

CHAPITRE VIII.

ABBAYE DE PONTFRANT OU PONFRAULT.

Pontfrant (ou *Ponfrault*) a une origine des plus reculées; car presque tous les auteurs s'accordent à dire que le pont établi sur le Fusin pour aller à Néronville, a été construit par Jules César, et qu'un démembrement de ses troupes y séjourna quelques jours.

L'on ignore absolument ce que pouvait être à cette époque ce village; seulement on a découvert qu'il avait, depuis, obtenu des rois de France, de beaux droits et priviléges, et entr'autres une foire qui s'y tenait le jeudi d'après Quasimodo.

Cette foire fut ensuite transférée à Château-Landon, ainsi qu'on en peut juger par une charte accordée à Montargis, par Charles VII, roi de France, dans laquelle il autorise cette dernière ville à tenir une foire, le lundi d'après ladite foire de Château-Landon.

Anciennement, il se percevait un droit pour passer sur tous les ponts qui entouraient cette ville, les jours de foire, seulement; il n'y avait que sur celui de Ponfrault où l'on passait librement sans payer; c'est de-là qu'il tira le nom de *Ponfranc*, que l'on métamorphosa depuis en celui de *Ponfrault* : jusqu'au IX.ᵉ siècle, il exista à Ponfrault une chapelle qui, à cette époque, fut convertie en une abbaye de filles qui fut riche et florissante.

Saint-Thomas, lors de son exil en France, en consacra l'église qui servit de dernière demeure à Jeanne, fille de Philippe-Auguste, roi de France, et comtesse de Château-Landon, que quelques-uns qualifient aussi de duchesse de Bretagne.

L'histoire rapporte que cette princesse ayant été accusée d'adultère par Guatre, le comte Ingelger, fils de Tertule *ou* Certrif et de Perrenelle, fille de Hugues-le-Grand, duc de Bourgogne, pour venger son honneur, leva le gage du duel, et vainquit ce calomniateur.

Jeanne, pour récompenser le zèle d'Ingelger, lui laissa entièrement le comté du Gâtinais, et, voulant donner des preuves de la moralité de sa vie, se fit religieuse à l'abbaye de Ponfrault, d'où elle n'est jamais sortie.

Par la suite, cette abbaye fut changée en simple prieuré, ou *Maladerie*, sous la direction du grand aumônier de France : ce qui est justifié par plusieurs titres restés aux archives de l'archevêché de Sens.

Le prieuré de Ponfrault a été réuni en 1695, à l'Hôtel-Dieu de Château-Landon ; cependant on y chanta messe long-temps après.

On aperçoit maintenant à Ponfrault, de vieilles mâsures qui sont encore très-étendues. L'entrée principale de l'église existe encore, et, au milieu du cintre du portail, on voit cette inscription gravée sur une pierre : *Prioré de Ponfrant*.

L'abbaye de Ponfrault avait autrefois plusieurs héritages, parmi lesquels se trouvait le petit bois dit de *Branle-Fesses*, situé entre cette abbaye de filles et l'abbaye de moines de Saint-Séverin.

Ce bois a conservé son nom.

Ponfrault est sur le bord du Fusin, dont j'ai déjà parlé, à un kilomètre de la ville de Château-Landon. Il dépend de cette commune.

CHAPITRE IX.

ABBAYE DE NÉRONVILLE.

Néronville est situé en la partie orientale tirant au midi, sur les bords du ruisseau du Fusin, auprès de son embouchure dans la rivière de Loing.

C'était autrefois une abbaye de l'ordre de Saint-Benoît qui, ayant été ruinée en 1562, dans les guerres civiles, a été réduite en simple prieuré tenu et possédé par un membre de la maison de Harlay.

L'église en était dédiée à Saint-Laurent. Jean de Mouthiers, protonataire du Saint-Siége, capitaine et bailli de Château-Landon, l'a desservie comme abbé pendant plusieurs années. Les religieux de Néronville furent réunis à ceux de Saint-Victor, de Paris.

Il n'en existe plus aucun vestige. Néronville n'est plus à présent qu'un simple hameau dépendant de la commune de Château-Landon, où tous les ans, à la Saint-Laurent, il y a une fête et des divertissemens publics.

Le site de Néronville est des plus agréables en été.

CHAPITRE X.

CHAPELLES ET PRIEURÉS.

Saint-Maurice de Château-Landon, dont j'ai déjà parlé en mon premier chapître, était une chapelle fondée par Philippe-Auguste, roi de France. Elle était située dans la partie du midi de la Ville-Neuve, sur l'emplacement d'un ancien château, sur lequel je n'ai pu me procurer aucuns renseignemens.

Elle est actuellement divisée en trois bâtimens d'habitation et de commerce. Elle fut jadis aussi appelée Sainte-Croix; ainsi qu'il est expliqué précédemment.

L'on remarque l'entrée de cette chapelle qui se trouve derrière le café du Midi; le cintre en est encore intact, et par les restes des murs démolis que l'on distingue à côté de ce cintre, on voit qu'elle est l'ouvrage de nos plus anciens maçons.

La Chapelle de Notre-Dame-de-Bethléem était située en la partie basse du côté du midi; il n'en reste maintenant plus que le nom.

Celle de Saint-Pélerin était en la partie haute du couchant. C'était autrefois un beau prieuré, dont il ne nous reste plus que l'emplacement.

Saint-Loup-Bezard était autrefois prieuré et ensuite chapelle régulière de l'ordre de Saint-Benoît, dépendant de l'abbaye de Ferrières. Aujourd'hui Saint-Loup-Bezard est au néant.

La Maladerie dite *de Chenou.* Elle est ainsi nommée parcequ'elle se trouve sur le chemin de Château-Landon, à un village de ce nom, et est située dans la partie orientale de cette ville; maintenant elle n'existe plus. Elle fut réunie à l'Hôtel-Dieu de Château-Landon, après avoir été ravagée et presque détruite par les Huguenots, sous le règne de Charles IX, en 1567.

Son emplacement et ses dépendances portent le nom de *Champs de l'Hospice.* Ils sont encore aujourd'hui encombrés de pierres provenant des anciens murs de cet établissement.

Le grain y vient à peine, malgré les énormes fouilles qu'y a fait faire le sieur Abraham Sabouré, qui les tient à bail.

Ces terres appartiennent encore à l'hospice de Château-Landon.

Voilà tout ce qui nous reste de ces différents établissemens. Ainsi de ces cinq chapelles, où tant de fois les fidèles sont venus chanter les louanges du Seigneur; leur nom seul vient encore exciter la curiosité des enfans du XIX.ᵉ siècle. Oui :

« Superbes monumens de l'orgueil des humains,
« Antiques prieurés dont la vaine structure
« A témoigné que l'art par l'adresse des mains
« Et l'assidu travail peut vaincre la nature ;
« Vous voilà pour toujours abolis par les ans,
« Le temps a fait tomber vos têtes de géants. »

(Imit. de Scarron) P. E. P.

CHAPITRE XI.

HOSPICE.

L'Hospice ou Hôtel-Dieu de Château-Landon, est un ancien et considérable édifice qui avait autrefois de beaux droits et revenus en usines et seigneuries; au XII.ᵉ siècle, il fut bâti et doté par Guillaume de Blois, dit *aux Mains Blanches*, archevêque de Sens, puis de Reims, cardinal légat dans les Gaules et en Allemagne, régent du royaume, et principal ministre d'état, sous le roi Philippe-Auguste. Il était quatrième fils de Thibault, comte de Champagne, et mourut à Laon, l'an 1202. Louis-le-Jeune, le dota aussi en 1173.

Aujourd'hui, il n'en reste plus qu'un bâtiment de peu d'étendue, converti en un bureau dit *de Bienfaisance*.

Le derrière de cet établissement donne des marques de sa vétusté; les murs en sont d'une épaisseur étonnante, d'énormes piliers le défendent des intempéries et des mains dévastatrices; diverses ouvertures y sont pratiquées, et entr'autres, l'entrée d'une grande porte. Sur le devant, existe une petite cour renfermée par des murs.

Il est actuellement occupé par une institutrice, et il y est dit, dans la chapelle, chaque dimanche, une messe par le doyen de Château-Landon, à sept heures précises du matin. Il possède encore aujourd'hui les mêmes revenus qu'il avait, lorsqu'il était hospice civil et militaire.

Alors, les malades et les pauvres y trouvaient, dans les soins généreux de saintes religieuses qui l'habitaient, des soulagemens de toute espèce; mais aujourd'hui les temps sont bien changés! En 1836, il n'y a plus de sœurs, plus de soins, plus d'hospitalité, et les revenus se mangent tout de même!

L'hospice de Château-Landon est assez vaste pour y monter des lits, et pourrait aisément nourrir deux ou trois sœurs au moins, qui pourraient, en cas urgent, soulager l'humanité souffrante. Mais, loin de-là : l'hospice avait des lits, où sont-ils? Personne n'en sait plus rien. La charité, si belle et si nécessaire aux malheureux, a fui loin de ces murs sacrés, et à l'exception d'une petite distribution annuelle que reçoivent quelques familles malheureuses de la commune, par le fruit des quêtes de nos dames de charité, et de quelques épargnes des revenus de l'hospice; il ne reste plus d'utile, de cet antique établissement, que l'instruction que reçoivent, en payant, les jeunes Château-Landonnaises.

Bien qu'il est à présumer que, du temps des sœurs de l'hospice, l'école s'y faisait de même, est-ce au moins une petite consolation pour les habitans de cette commune, d'y voir faire l'éducation de leurs jeunes vierges.

CHAPITRE XII.

HAMEAUX.

La commune de Château-Landon possédait autrefois plusieurs vastes tanneries, qui bordaient la rivière du Fusin depuis le moulin du Larry, à cette époque, moulin à Tan, se trouvant à peu près dans le même emplacement, jusqu'au hameau dit *le Bas-de-Saint-André*.

Aujourd'hui, il n'en reste aucun vestige superficiel, si ce n'est des fondations que le cultivateur y rencontre à chaque coup de pioche qu'il donne sur cette rive.

L'on a découvert plusieurs caves souterraines, d'une solidité étonnante, qui se trouvaient enfouies sous les débris de ces anciennes tanneries. Il en existe une, entr'autres, au bas du clos Duhoux. L'emplacement de ces établissemens ruinés, a été depuis converti en jardins, vignes, pépinières, etc., qui, longeant la rivière, offrent la plus belle promenade que l'on puisse désirer.

Si Château-Landon, par suite des dévastations qui y ont été faites, est devenu peu considérable en lui-même, il se trouve au moins encore augmenté de près de quarante hameaux, dont je vais donner à mes lecteurs les noms et particularités qui seront à ma connaissance.

Ce sont : 1.° La Tabarderie, *ou* les Ponts-Percés, où est un moulin à eau, à deux meules et faisant de blé farine.

2.° Les Gauthiers, où est également un beau moulin *dit* le moulin Delaunay.

3.° Le moulin de Bigogneau *ou* Bigoneau.

4.° La Concorde, ci-devant forge à fer, appelée Lauroy, et depuis convertie en scierie à pierres, par M. Bellanger, ensuite, en deux beaux moulins à eau, par M. Joseph Bertin, qui en est le propriétaire.

Elle est sur le point d'être transformée en filature, par M. Goffin, qui la tient à bail, depuis quelques jours.

5.° Lauroy, où sont deux vastes carrières à blanc, *dit* vulgairement blanc d'Espagne.

6.° Les Grands-Moulins, *dits* primitivement les Moulins d'Égreville, faisant aussi de blé farine. Ils sont situés sur la rivière de Loing et bordent le canal d'Orléans, sur lequel est un pont tournant.

Le deuxième bureau de tabac du canton de Château-Landon y est transporté, pour être plus à portée de la marine, qui, ordinairement, est la ressource des débitants de tabac.

Divers dépôts de charbon de terre y existent.

7.° Le pont de Dordives, où l'on distingue encore quatorze ou quinze arches de celui établi par Jules César, et détruit par les guerres qui ont dévasté les Gaules. Pour suppléer à ce pont, une barque permanente y est établie pour passer la rivière qui se trouve entre Château-Landon et Dordives.

8.° Ponfrault (voir *Chap.* 8). — 9.° Néronville où était une ancienne abbaye (*idem*, *Chap.* 9). — 10.° Heurtebise. — 11.° **Fusselette.** — 12.° **Tout-Vent.** — 13.° **Mocpoix.**

14.° Lamivoye, ferme et manœuvreries qui se trouvent de chaque côté de la route de Souppes.

15.° Chancepoix, ancienne maison bourgeoise occupée jadis

par MM. Desvoisines, portant le titre de seigneurs de Chancepoix, et actuellement par la famille Moreau. (Voir *le Chap.* 6).

Cette maison d'une antique construction a pour dépendances de nombreux bâtimens, de très-bonnes terres et d'excellens bois, elle possède, en outre, un parc charmant, tenant à la maison d'habitation, et allant rejoindre la route de Souppes.

16.° Bruxelles. — 17.° Buteau en partie.

18.° Mésinville, qui est un des plus anciens hameaux de Château-Landon.

19.° Moucheny. — 20.° Les Vergers. — 21.° Foljuif. — 22.° Fontaine. — 23.° La Cotinville.

24.° Sallemain, ancien château occupé, jadis, par l'écuyer Antoine du Bouchet, décoré du titre de grand seigneur de Sallemain, et ensuite par un des membres de la famille Desvoisines, allié à celle du Bouchet, qui fut enterré, ainsi que sa femme, dans le chœur de Notre-Dame de Château-Landon, et dont on remarque encore la pierre, portant une inscription presqu'entièrement effacée, si ce n'est leurs noms qui se distinguent encore. Il est actuellement possédé par le fils aîné de feu le général Lequay, mort le 2 avril 1835, à Château-Landon, par suite d'une attaque d'apoplexie foudroyante.

L'on ignore totalement quel siècle a vu naître cette ancienne seigneurie; mais, à en juger par l'architecture sans goût, et par la monstruosité de ses murs, on peut dire qu'elle est antérieure aux autres monumens dont j'ai fait la description.

Sur le devant, Sallemain a un air imposant : deux tourelles l'enjolivent de ce côté; sur l'autre, un jardin, qui va rejoindre la prairie, en fait le charme. Sur le derrière, est une petite garenne qui ajoute encore à l'agrément que l'on rencontre dans cette campagne. Un moulin à eau tient à ce domaine.

25.° Flumotte. — 26.° Repas, où est un moulin. — 27.° Palleau, (*moulin de ce nom*). — 28.° Le Grand Gasson.

29.° Pont-à-Gasson (aujourd'hui *le Petit Gasson*), sur le chemin de Château-Landon à Montargis. Ce petit village possède un ancien pont et une maison bourgeoise, qui n'a pas l'air d'être ancienne, malgré qu'elle est dans un état complet de dégradation.

Elle est située dans une position très-agréable, et possédée par un bon propriétaire de la ville de Château-Landon, connu sous le nom de Barathon.

Derrière les bâtimens, sont un jardin et une garenne lucratifs autant qu'agréables.

La maison d'habitation est très-bien distribuée, et a une très-jolie vue.

30.° La vallée de Saint-Séverin. — 31.° Les Martuis. — 32.° Gilliers, moulin à eau. — 33.° Le moulin du Larry. — 34.° Le moulin de Poivre, faisant partie du faubourg Saint-Thugal. — 35.° La Maison Merlette. — 36.° Nisceville. — 37.° Le Télégraphe. — 38.° Saint-André (*chap.* 6). — 39.° Le Veaux où sont deux maisons seulement.

Tels sont les hameaux qui composent la commune de Château-Landon, en 1836.

Le lecteur remarquera, sans doute avec plaisir, qu'à Château-Landon, plus qu'ailleurs, on sait utiliser l'eau; car, dans l'étendue d'environ un demi-myriamètre de distance, l'on compte onze différentes usines, dont la plupart à deux meules.

CHAPITRE XIII.

LA CROIX DU BOURDON.

Avant de passer à la description des communes qui forment le canton de Château-Landon, et des hameaux qui dépendent de ces communes, je crois bon de faire une petite remarque sur une croix qui se trouve placée, sur la route de Souppes, à un kilomètre de la ville de Château-Landon.

Tous les jours, l'habitant de ces contrées passe auprès d'elle, sans l'apercevoir et même sans y penser, à moins que ce ne soit, comme dit Saint-Maur :

> Un malheureux vieillard que la fatigue accable,
> Et qui passant près de ce lieu,
> Se penche en s'appuyant sur son bâton d'érable,
> Et prie un instant le bon Dieu.
> Mais du reste, c'est tout. — Personne autre qui vienne
> Au flambeau mourant de la foi ;
> Réchauffer son cœur : nul autre qui se souvienne
> De cette croix que moi.

Cependant, elle est d'une antiquité remarquable, car elle fut érigée dans cet endroit, en 1244, par le chevalier Gauthier de Beaudebelle, neuvième fils d'Adam de ce nom, en mémoire de Gauthier de Brienne *dit* le Grand, chaud défenseur de la foi catholique, qui s'était signalé, dans diverses occasions importantes, contre les Sarrasins par lesquels, à la fin, il fut fait prisonnier et qui l'arrachèrent à la vie, par des tourmens inouïs. Sanut annonce sa mort en l'an 1244, et Mathieu Paris le fait vivre jusqu'à 1251. Le nom de Gauthier de Beaudebelle est encore gravé sur le piédestal de la Croix. L'on ignore ce qui peut lui avoir mérité le nom de Bourdon.

CHAPITRE XIV.

CANTON DE CHATEAU-LANDON.

Château-Landon, après avoir été capitale de comté, prévôté royale et baillage, fut réduit à devenir simple chef-lieu de canton de l'arrondissement de Fontainebleau, composé de quinze autres communes qui en dépendent.

1.° Beaumont, situé sur la route du Gâtinais, comptant parmi ses localités, deux études de notaire, un cabinet d'huissier, une caserne pour la gendarmerie, un Hôtel-Dieu, etc. C'est le plus fort bourg du canton. Il est mieux percé que Château-Landon et infiniment mieux bâti; les rues en sont larges et droites. Il est assez commerçant pour un petit endroit et a deux foires, l'une, *dite* de Saint-André, qui se tient invariablement le 30 novembre de chaque année; l'autre, *dite* de la Saint-Mathias, qui a lieu tous les ans, le 24 février.

La fête patronale du pays est la Saint-Barthélemy; on la célèbre ordinairement le 24 août.

Beaumont compte trois hameaux : Barnouville, Villeneuve et le Ménil.

Il y avait autrefois un fort joli château, mais étant tombé dans des mains dévastatrices, il fut mutilé et disséminé. Plusieurs propriétaires l'habitent aujourd'hui, et, entr'autres, M.ᵉ Deville-Chabrol, l'un des notaires.

2.° Gironville qui se trouve situé sur la route de Nemours à Beaumont. C'est un petit bourg dont la principale ressource est la vigne, il compte parmi ses habitations, un fort agréable château, possédé par M. Lagorsse, riche propriétaire de ces contrées. Il ne paraît pas être ancien; car il est bâti tout-à-fait à la moderne. A son approche, l'on remarque une fort jolie avenue, ombragée par des arbres touffus, qui la bordent. Gironville n'a qu'un hameau composé d'une partie de Pilvernier.

3.° Arville, situé à peu de distance de la même route. L'on y récolte passablement de vin; il a deux hameaux, Charmoy et Launoy.

4.° Ichy, pays fertile en toute espèce de récoltes.

5.° Aufferville, bon pays de culture, situé sur la route de Beaumont à Nemours. Il a six hameaux: Busseau, la Champagne, Morville, Sarreville, Ormoy, Maison-Rouge et Rodde.

6.° Obsonville, bourg très-vaste et peu peuplé; les trois quarts et demi de ses habitans font, des travaux agricoles, leur unique occupation. Il n'a qu'un hameau sous sa dépendance, nommé Malvoisine.

7.° Mondreville. C'est le plus malheureux pays du canton. Les terres en sont tellement arides, que, bien qu'il soit peu populeux, les récoltes ne suffisent jamais, pour garantir de la faim les familles qui l'habitent.

La disette s'y fait ressentir jusque parmi la gent ailée; car quand les marchands de volaille trouvent, sur le marché, des alouettes peu grasses, on les entend s'écrier: *Ah, ce sont des alouettes de Mondreville!!*

Ce pays est remarquable pour ses plaines qui sont immenses. Dans quatre lieues de traversée, le voyageur ne peut, ni trouver d'abri contre la pluie qui le surprend, ni d'ombrage pour se reposer, si la chaleur l'incommode. Il a dans son étendue, trois hameaux, partie de Pilvernier, la Garde, et partie de Tréminville.

8.° Branles. Ce pays ne ressemble en rien à celui dont je viens de parler; l'aisance y est sensible, le territoire en est assez fertile, et les habitans sont tous amis de la joie et des plaisirs.

Plusieurs maisons bourgeoises y donnent de l'éclat. Une excellente foire aux moutons, s'y tient tous les ans, les 3 et 4 mai. Il s'y tient, en outre, deux autres foires, qui tombent, l'une le 31 août, et l'autre, le 1.er septembre.

La fête ou assemblée est chômée, tous les ans, le dimanche qui suit le 1.er septembre.

Ses hameaux, sont: Brandard, Fraules, Les Buis, le Moulin du Grollot, les Bordes (*petites* et *grandes*), la Gendrillonnerie, Rochemort, les Canivelles, où l'on récolte d'excellent vin, la Chèvre, Pintois, Cussot, Genouilly et le Moulin de Madame.

9.° Chaintreaux. Il est fertile en blé, et bien partagé en vignes. Il ne s'y fait aucun commerce, quoique le pays soit riche. Il est augmenté de quatorze villages qui en dépendent: Chancery, Fraville, Souville, Lepuy, où est une jolie maison bourgeoise bâtie dans le goût moderne et possédée par M. de Barnoulhe, docteur-médecin; Péziot, Floë, Chamault, la Malosse, Hautefeuille, Bouchereau, en partie, la Brosse, où habitait jadis un sieur Louis Rochouart II, seigneur dudit lieu, né le 6 octobre 1601, et élevé auprès du comte de Soissons. Il servit à la guerre, contre les Huguenots, fut député de la noblesse en 1649, et mourut à Montigny-sur-Loing, le 20 février 1652. Il avait épousé, en 1628, Louise Lamy, fille aînée et principale héritière d'Isaac Lamy, baron de Loury. Il eut, entr'autres enfans, un fils, nommé Joseph, qui fut aussi seigneur de la Brosse.

Dict. Hist. de L. Morery, 8.e édition, page 273.

Enfin, les Brulis, les deux Bordes, et la rue Chaude; tels sont les hameaux de la commune de Chaintreaux.

10.° Lagerville, pays désert et pauvre.

11.° Souppes. Cet endroit est situé sur la grande route de Paris à Lyon, et borde la rivière de Loing. Son église est d'une antiquité remarquable.

Une admirable petite place complantée de jeunes arbres, se trouve au-devant de ce saint bâtiment. Tous les ans, il s'y tient le mardi de la Pentecôte, une fête ou valterie, où la jeunesse abonde : des jeux, des boutiques, viennent contraster avec les orchestres qui sont réunis sur tous les points.

Souppes possédait autrefois des forges à fer ou acieries, qui étaient en grande renommée, et qui portaient le nom de Martinet. Aujourd'hui, la plus grande partie des bâtimens a été démolie, et le reste, converti en un vaste moulin à deux roues.

Parmi les habitans de ce pays, l'on compte un des notaires du canton, les employés des contributions indirectes, un percepteur des contributions directes, et un docteur en médecine. Il y a aussi un petit bureau de poste aux lettres, et une distillerie.

Ce pays, bordant le Loing, est fort sujet aux inondations ; mais quand les eaux dorment en paix dans leur lit naturel, il présente une vue très-variée ; car l'œil s'arrête, tantôt sur une île, tantôt sur divers petits îlots, et tantôt enfin, sur de vertes presqu'îles.

On y récolte beaucoup de chanvre, dont la culture occupe la plupart des gens. Il a, sous sa dépendance, douze hameaux, ce sont :

Le Bouloy, qui est un immense château, possédé anciennement par M. de Beaumont, si connu dans tous le Gâtinais, pour ses nombreuses rapines. Ce domaine est d'une construction recherchée quoiqu'ancienne. Le parc qui y tient, est d'une belle étendue, et offre aux curieux, un coup d'œil magnifique et imposant. L'inhabitué voyageur est susceptible de s'égarer dans ses nombreuses allées.

M. le vicomte d'Harcourt, qui en est le possesseur actuel, l'habite presque toute l'année.

Le Coudray, remarquable pour la quantité innombrable de lézards qui y séjourne.

Les Varennes, village aquatique, souvent victime des grandes eaux.

Fonteneilles, vallée délicieuse, produisant blé, vin, bois et chanvre.

Boisdaix ou Buisdet, le grand Ceriseaux, le petit Ceriseaux, qui ne présentent rien de remarquable.

Bésigny, où était un ancien domaine seigneurial, possédé par un membre de la maison Desvoisines de Chancepoix, détruit en 1567, par les rêtres allemands. Il y existe encore deux bonnes fermes, et plusieurs autres habitations de manouvriers. Un seul bois sépare Bésigny de Chancepoix.

Beaumoulin, hameau composé de deux maisons d'habitation. L'une est un moulin à eau, faisant de blé farine, et l'autre, une maison bourgeoise habitée et possédée par M. Poinsset, riche propriétaire de cette commune. Ces demeures se trouvent séparées par le canal d'Orléans et de Loing.

La Croisière, située sur la grande route de Paris à Lyon. Cet endroit est remarquable par une excellente auberge, tenue par M. Bouteville, et la poste aux chevaux, dirigée par MM. Chartrain père et fils.

Cet établissement est spacieux, et ne présente rien de remarquable, si ce n'est une enseigne aussi originale que bien inventée, qui se trouve dans le ceintre de la porte cochère de la cour de la poste, pour indiquer aux voyageurs le nom de ce relais. Elle est faite en tuiles, scellée dans un encadrement, recouvert d'un chapiteau, et porte l'inscription ci-après : LA ✝ 1 R (*la Croisière*). Je voudrais connaître l'inventeur de cette ingénieuse idée, pour l'en complimenter, et immortaliser, par l'histoire, son nom, à bon compte, si illustré.

Cercanceaux, dont il est parlé au chapitre VII.

Champs-sur-les-Bois, dont il n'existe aucune particularité à mentionner.

Glandelles, en partie.

12.° **La Madeleine**, pays triste et peu peuplé, sans être pauvre. Il a aussi ses hameaux, ce sont : la Groue, le Colombier, les vallées de Beaumoulin, partie de Glandelle où existe un moulin à eau, portant le nom de moulin *Rozé*, et la tour Corval, *dit* anciennement Corbeval. Ce dernier village laisse à la postérité, des marques de son antiquité et de sa grandeur passée; car il existe encore une tour carrée, bâtie par les Romains, lorsqu'ils firent leur funeste descente dans les Gaules, et qui présente un aspect aussi singulier que bizarre. Cette tour servit à renfermer les prisonniers gaulois, faits par l'armée romaine, ainsi qu'on en peut juger par l'article suivant, extrait d'un ancien manuscrit qui se trouve en ma possession.

« Par édit de Manilius, mis en qualité de préteur provincial, « en la tour de Corval, les sieurs Germain Faule, Louis Souisse, « et Hubert Fouchet, prisonniers de la tour, sont déclarés libres. »

Copie de cet édit, fut déposée aux archives de Ferrières, une expédition en fut dressée depuis, par M. Chopital, abbé dudit Ferrières, en 1607.

Il ne reste que les murs de cette tour, et encore sont-ils presque partout percés et mutilés par les temps. Rien de si plaisant à regarder de loin, que cet antique édifice.

> En voyant ses formes étranges,
> On dirait de hideux Archanges
> Courbés dans l'ombre de la nuit;
> Spectres à faces inconnues,
> Semblant vouloir porter les nues
> Sur leurs épaules de granit......   H. S. M.

Corval est situé sur le plus bel emplacement du canton de Château-Landon, et sa tour se voit de très loin.

13.° Bougligny; ce pays compte, parmi ses localités, une maison bourgeoise ancienne, et d'une grande étendue, ayant l'agrément d'être presqu'entourée de bois muraillés.

Le propriétaire, M. Bordier, est connu pour sa grande piété *et son amour pour son Roi*. Sur tous les chemins qui bordent et avoisinent ses propriétés, l'on voit, dressant la tête, des croix en fer, posées sur des pierres artistement taillées, formant le piédestal. Les chiffres des saints, en l'honneur de qui elles sont érigées, sont découpés soigneusement dans le milieu.

Ce pays est fertile en toute espèce de récoltes, et compte peu de malheureux parmi ses habitans.

Bougligny est d'une fondation très-ancienne, possède un télégraphe et six hameaux qui sont : Foljuif, Quénonville, rebâti presqu'entièrement à neuf, par suite d'un incendie terrible qui l'avait presqu'anéanti, il y a quelques années, le Grand et le Petit Tillet, Tiersanville, Lacuillère.

14.° Maisoncelles, petit bourg, n'ayant qu'un hameau appelé le petit Maisoncelles. Ils paraissent l'un et l'autre être anciens. De vieilles mâsures attestent leur antiquité.

15.° Chenou, ses particularités consistent en une vieille église, bâtie sur une demi-lune. Elle est desservie par le curé de Mondreville (*le modeste Abraham*). Cette commune a sous sa dépendance, Chenouteau, où existe un ancien château de peu d'apparence.

Trémainville, Mézinville en partie, le Meny, et Buteau.

Tels sont les bourgs et hameaux qui composent le canton de Château-Landon, et dont j'ai voulu, en passant, donner une idée à mes lecteurs, bien que ceci n'entre pas dans la tâche que je me suis imposée.

CHAPITRE XV.

SIÈGE DE CHATEAU-LANDON PAR JULES CÉSAR. FONDATION DE LA TOUR DE GANNES.

La ville de Château-Landon était tellement peuplée, lors des guerres que Jules César intenta à presque toutes les Gaules, qu'elle inspira de la crainte à l'armée formidable de ce guerrier, lorsqu'il voulut s'emparer de la ville d'Orléans; vers l'an du monde 3945 ou cinquante-neuf ans avant Jésus-Christ.

César voulant, à quelque prix que ce fut, réduire les Orléanais, et ne voulant laisser, derrière lui, aucuns ennemis qui pussent intercepter les vivres qu'il devait faire venir de Sens, pour ses troupes, il résolut de faire le siège de Château-Landon.

Ayant, à ce sujet, fait stationner ses troupes aux environs de cette ville, il fit bâtir, en toute hâte, au bord de la rivière de Loing, vis-à-vis Château-Landon, une énorme tour carrée, pour y déposer, en sûreté, les vivres de son armée. Pour distinguer, avec plus de facilité, les fortifications qui pouvaient mettre cette ville à l'abri de ses coups, il se rendit à Corval, avec un détachement de soldats déterminés et éclairés.

Ensuite, la construction de la tour de Gannes étant achevée, il s'avança sur Château-Landon, et en commanda l'assaut.

Les Château-Landonnais soutinrent le choc des Romains, pendant trois jours entiers, et en écrasèrent beaucoup; mais, voyant que, tôt ou tard, ils seraient forcés de se rendre, ils décidèrent de le faire le plus tôt possible, pour tâcher d'obtenir par là, quelque chose de la clémence de ce redoutable ennemi.

Ils lui envoyèrent donc des ambassadeurs pour traiter de la paix. César ne s'y refusa pas ; mais avant tout, il se fit remettre, par les Château-Landonnais, armes et chevaux, et, en outre, six cents ôtages.

Ne trouvant plus alors d'opposition à ses projets, il chargea Caïus Trebonnius, son lieutenant, de la rédaction du traité de paix, et se dirigea, à grandes journées, sur Orléans.

La tour que César fit construire, ainsi que je l'ai dit plus haut, était située à Souppes, et portait le nom de tour de Gannes. Elle passa par la suite, au pouvoir des chanoines de la Sainte-Chapelle, de Paris, qui la possédèrent jusqu'en 1779, époque à laquelle le sieur Charles-François Legros, l'un de ces derniers, la vendit, tant en son nom personnel, que comme chargé de la procuration de MM. les trésoriers et chantres du chapitre de ladite Sainte-Chapelle, à Jean-Pierre Morisseau, de Souppes, à la charge, par ce dernier, d'en faire une maison d'habitation, et de servir annuellement une rente de douze deniers, et un boisseau d'orge, mesure de Château-Landon, auxdits chanoines, sans pouvoir racheter ladite rente.

Cette vente fut faite, par acte passé devant M.ᵉ Chartrain, notaire à Château-Landon, le 12 novembre 1779.

Malgré la clause non rachetable, cette rente fut abolie par d'autres actes authentiques que je ne citerai pas.

Cette antique construction est possédée par M. Guyon, percepteur des contributions directes, qui l'habite actuellement, et qui est détenteur de tous les titres qui la concernent, soit comme tour de Gannes, soit comme maison d'habitation.

Après les renseignemens positifs que je viens de donner, personne, je pense, n'apportera à l'avenir, aucun doute sur l'antiquité, l'étendue et la noblesse de Château-Landon.

D'abord, il est certain que cette ville devint, dès les premiers siècles de la monarchie, la capitale du Gâtinais et la résidence de ses comtes ; ensuite, dans divers auteurs anciens, l'on remarque que plusieurs de nos rois y passaient la plus grande partie de l'année.

L'historien du Gâtinais cite, entr'autres monarques, qui l'ont habité : Philippe Ier, Louis-le-Gros, son fils, Louis-le-Jeune, son petit-fils, et enfin Philippe-Auguste, qui le regardaient comme le principal domaine de la couronne.

Une Charte, donnée à Chateau-Landon, en l'an 1141, rapportée par Fanin ou Savin en son *Traité des premiers officiers de la couronne*, chap. 8, confirme principalement la résidence de Louis VI *dit* le Gros, à Château-Landon.

Depuis, les villes de Montargis et de Nemours se sont formées des débris de Château-Landon, et Nemours se trouvant par la suite plus considérable que cette dernière ville, fut érigée en duché en 1406 en faveur de Charles III, roi de Navarre, qui voulait recouvrer les terres que son père avait possédées en Normandie, et qui étaient détenues par Charles VI, roi de France.

Ces deux dernières villes eurent entr'elles de fameux et longs procès, parce que les Nemouriens prétendaient faire rendre la justice à Château-Landon par leurs officiers, en objectant que cette ville n'était point capitale de comté ni bailliage.

Cependant Fauchet est bien précis là-dessus dans ses annales, vol. 2, chap. 11.

Le même auteur dit aussi que Louis XI *dit* le Bègue, empereur et roi de France de la deuxième lignée, donna Château-Landon et tout le Gâtinais à Certrif ou Tertulle, pour le tenir en fief avec

Perrenelle, fille de Hugues de Bourgogne, abbé de Saint-Martin, et que toute sa postérité l'a possédé également.

Du Haillan, Glabert et Bourdigné rapportent que Foulques-Réchin, fils de Geoffroy Férole, comte du Gâtinais et seigneur de Château-Landon, et de Ermangarde, fille de Foulques, l'a toujours habité, et même qu'il y fit prisonnier Geoffroy-le-Barbu, son frère, en 1067, pour cause de mésintelligence intervenue entr'eux par suite du partage qu'on leur avait fait en 1060 du comté d'Anjou.

Foulques-le-Réchin, pour que Philippe Ier ne lui nuisît point dans cette guerre contre son frère, lui donna Château-Landon. Le monarque l'accepta, y fit même sa résidence, et néanmoins laissa à Foulques la liberté de l'habiter en maître comme avant qu'il en eut fait l'abandon.

L'on ignore combien de temps Geoffroy-le-Barbu resta prisonnier à Château-Landon. En 1089, après avoir quitté deux épouses légitimes, il se remaria avec Bertrade, fille de Simon, seigneur de Montfort, l'un des hameaux de Château-Landon, rebaptisé maintenant sous le nom de Maison-Merlette.

Cette femme le quitta trois ans après et se donna à Philippe Ier. Yves de Chartres rapporte qu'elle était belle et galante et qu'elle fut cause que Philippe Ier répudia Berthe de Hollande, sa femme, pour l'épouser. Ce mariage eut lieu par Eudes, évêque de Bayeux, la veille de la Pentecôte de l'an 1093.

CHAPITRE XVI.

BAILLIAGE DE CHATEAU-LANDON.

J'ai mentionné, dans différens chapitres de cet ouvrage, que la prévôté royale de Château-Landon ressortissait d'abord du bailliage de Sens et ensuite de celui de Nemours, et j'oubliais de dire qu'il avait été lui-même bailliage, ainsi qu'il résulte de plusieurs renseignemens que l'on vient de me communiquer.

Jacques d'Armagnac II (fils de Bernard), s'étant rendu criminel de lèse-majesté, Louis XI le poursuivit et le fit assiéger jusques dans ses derniers retranchemens. Il fut fait prisonnier par le sieur de Beaujeu, en 1477, au château de Castelneau, et mené à Paris où se fit l'instruction de son procès.

Ayant été condamné à la peine de mort, il fut décapité aux halles de Paris le 4 août de la même année, et ses biens confisqués au profit de l'état.

Jusques-là on n'était pas certain si la seigneurie de Château-Landon avait ou non fait partie des terres baillées en assignation, par le roi Charles VI au roi de Navarre, lors de l'érection du duché de Nemours, mais on a reconnu qu'elle n'en faisait point partie; car, à la même époque, ce même roi donna, par titre authentique, le domaine de toute cette seigneurie à Guillaume de Souplainville, seigneur de Courtampière et bailli de Montargis qui en a joui depuis 1475 jusqu'en 1482.

Il était possédé avant cette époque par Bernard d'Armagnac,

second fils du connétable de ce nom, comte de Pardiac, puis duc de Nemours et comte de la Marche; ensuite par Jacques, fils dudit Bernard, puis par Jean d'Armagnac, fils de ce dernier. Celui-ci voulant purger la mémoire de son père a présenté des lettres au roi pour lui demander le rétablissement de ses biens.

Il eut une réponse gracieuse de ce monarque qui lui restitua tous ceux qui n'avaient pas été vendus ou donnés, et l'autorisa à transiger pour les autres, avec les acquéreurs ou donataires, et entr'autres pour Château-Landon avec Guillaume de Souplainville, qui lui remit la seigneurie de cette ville à condition qu'il demeurerait capitaine et bailli de Château-Landon à 200 livres de gage, et que la terre et seigneurie de Courtampierre, située dans le ressort, serait tenue et possédée en tous droits de justice, haute, moyenne et basse, dont les appels ressortiraient du bailliage de Château-Landon.

Ainsi qu'il appert d'une charte de Charles V, dit le Sage, en date du 11 avril 1371, Château-Landon a été donné à un chevalier Moulouart, qui prétendit, au moyen de cette donation, s'attribuer la souveraineté de juridiction des religieux de Puiseaux, de Saint-Séverin, et de Saint-Victor de Paris, qui étaient du ressort du bailliage de Château-Landon.

Mais le roi leur accorda une garde gardienne et committimus de toutes leurs causes, par-devant le prévôt de Paris, sans que ledit Moulouart, le prévôt des exceptions pour le bailliage de Château-Landon, ni autres juges, pussent en prendre connaissance.

Ces faits, ce me semble, sont suffisans pour prouver que Château-Landon fut aussi bailliage; aussi vais-je passer de suite au chapitre suivant.

CHAPITRE XVII.

PILLAGES DIVERS ET NOTES SUR LE BAILLIAGE DE CHATEAU-LANDON.

Château-Landon fut ravagé au XIIIe siècle, sous le règne de Louis VIII, par les Anglais, qui, dans un temps malheureux, inondaient la France. Il fut depuis pillé, brûlé, saccagé, dans l'espace d'environ 234 ans, huit fois différentes, savoir :

Au XIVe siècle, en 1355, par les Anglais, sous le règne des rois Jean.

Au XVe, en 1426, sous le règne de Charles VII, par les mêmes, pendant le siège d'Orléans.

En 1468, sous le règne de Louis XI, par les mêmes.

Au XVIe, en 1556, sous Henri II, par une bande de brigands commandés par le grand larron du Gâtinais (ou le chevalier du Boulay.)

En 1567, sous Charles IX, par les rêtres Allemands commandés par le prince de Condé.

En 1569, sous le même, par la bande du chevalier du Boulay.

En 1587, sous Henri III, par des protestans Allemands.

En 1589, sous Henri IV, par un de ses partisans nommé Tignouville.

L'histoire rapporte que le plus rude échec qu'essuya Château-Landon, ce fut lorsque les rêtres Allemands eurent été défaits à Vimory par le duc de Guise, en 1587. Ces derniers voulant se venger de leur honteuse défaite, s'emparèrent de Château-Landon, ayant Chatillon à leur tête, après avoir éprouvé une résistance très-vive de la part des habitans de cette malheureuse ville.

Le pillage y fut autorisé, et la rançon des prisonniers distribuée à ces vagabonds.

Sous la minorité de Louis XIV, au moment des troubles connus sous le nom de *Guerre de la Fronde* qu'excitèrent les gens du parlement, soutenus par le cardinal de Retz, les princes de Condé, de Conti, les ducs de Beaufort, de Bouillon, de la Rochefoucault et de la duchesse de Longueville, deux mille cavaliers et fantassins de l'armée de ces princes, se rendirent à Chateau-Landon, et y séjournèrent pendant sept jours entiers. Bien qu'ils eussent tout à discrétion, ils pillaient tout ce qu'ils pouvaient attraper; nul ne fut exempt de les loger, si ce n'est le receveur de l'abbaye de Saint-Séverin; en sorte que le conseiller Petit avait tous les jours trente hommes et vingt-cinq chevaux à nourrir, sans l'argent qu'il fallait donner à leur valet pour arrêter le pillage.

Le père Riote dont j'ai parlé précédemment obtint leur sortie moyennant qu'on leur donnerait 3,000 livres.

Les habitans de Château-Landon, ruinés par toutes les guerres que je viens de citer, ne purent ramasser cette somme aussitôt qu'il l'aurait fallu, c'est pourquoi ils chargèrent les sieurs Petit et Donnet, avocats, d'en faire en leur nom l'emprunt.

Ces derniers vinrent prier le père Riote de leur prêter, pour ce renvoi, 800 livres, s'obligeant de les rendre aussitôt que l'on aurait pu les ramasser.

Mais lorsque le père Riote voulut se faire rembourser de l'avance qu'il avait faite à ses concitoyens, il fallut avoir recours au parlement, qui, par un arrêt de l'an 1656 condamna le sieur Petit au paiement de 630 livres, pour sa part, et les Château-Landonnais réunis, à celui de 975 livres.

Récapitulation faite de l'argent donné à cette troupe insurgée, des vivres fournis, et des choses pillées par les soldats, la dépense s'éleva à trente mille francs, sans y comprendre les bienfaits onéreux que l'abbaye de Saint-Séverin prodigua aux malheureuses victimes de cet *hébergement*, dans la cherté du pain qui suivit cette dernière catastrophe.

Pendant le séjour à Château-Landon de ces deux mille hommes, l'abbaye fut d'un grand secours aux habitans; car elle en réfugiait et nourrissait une partie dont les appartemens étaient occupés par les soldats.

L'argent demandé fut versé entre les mains de ces derniers; mais ce ne fut pas capable d'empêcher le pillage, et si le père Riote n'eut obtenu des forces, sous les ordres du duc de Nemours, pour repousser ces hommes impitoyables, ils n'auraient rien laissé dans la ville; mais à l'arrivée du renfort Nemourien ils perdirent beaucoup de monde et le reste fut mis en fuite.

C'est donc encore une fois le père Riote qui fut le sauveur de Château-Landon, et cependant, malgré tous ces services, les habitans acharnés contre lui, à cause de la perte de leur procès, bouchèrent les portes de la ville, du côté de l'abbaye, pour l'empêcher, ainsi que les autres religieux, d'aller à l'église Notre-Dame, confiée à leur desserte. Il fallut, pour les faire ouvrir, deux gardes du connétable, avec une lettre de cachet.

Le chevalier du Boulay qui avait tant coûté à la ville de Château-Landon par le moyen de tous les pillages qui s'y sont exécutés par ses ordres, ainsi qu'il est rapporté précédemment, attira enfin sur lui la colère céleste; car, ayant été surpris à dévaliser les marchands de la foire de Milly, il fut poursuivi par des troupes réglées qui l'assiégèrent dans le château de Villemaréchal, d'où il parvint néanmoins à s'échapper.

Quelques jours après, il fut tué à Courtenay avec deux de ses complices ; deux autres de ces derniers furent amenés et pendus à Paris.

La prévôté royale de Château-Landon a toujours été régie par la coutume de Lorris tant que cette dernière fut en vigueur.

Le bailliage dudit lieu a été par la suite engagé à celui de Nemours; car, après l'édit de création des lieutenants particuliers de bailliages, M⁰ Claude Ledieu fut pourvu de l'office qui portait le titre de lieutenance particulière et bailliage de Nemours et de Château-Landon. Ce réglement fut homologué à la cour en 1602.

Le même Hédelin, après la mort de Ledieu, se pourvût d'un office de lieutenance particulière sous le même titre. Cette charge passa ensuite entre les mains d'un nommé Thiou, résidant aussi à Château-Landon.

Un nommé Chapotain succéda à ce dernier; à Chapotain succéda Jean Yves, qui fut ensuite remplacé par M⁰ Louis Berthelet. Celui-ci resta, jusqu'en 1662, lieutenant particulier des bailliage et prévoté de Château-Landon.

Il n'est donc aucun doute que Château-Landon fut autrefois bailliage, ensuite il dépendit de celui de Sens ; car suivant Sainte-Marthe, les officiers Sénonais y tinrent les grands jours d'assises.

Depuis il fut adjoint à Nemours, par François 1ᵉʳ, qui le donna, en 1524, avec les terres et seigneuries de Nogent et Pont-sur-Seine, à titre de douaire et d'apanage, à Louise de Savoie, duchesse d'Angoulême, sa mère, par qui il avait été élevé.

Cette duchesse voulant retenir, en France, Philippe de Savoie, comte de Genève, marquis de Saint-Sorlin et baron de Foucigny, d'abord évêque de Savoie, puis militaire sous le grand Louis XII dans ses guerres d'Italie, qui le servit si bien, en 1509, à la bataille d'Agnadel, qu'il lui donna quelques titres en France, le fit marier le 17 septembre 1528, avec Charlotte d'Orléans, fille de Louis d'Orléans 1ᵉʳ du nom, duc de Longueville. Le roi François 1ᵉʳ, neveu dudit comte de Savoie, en faveur de ce mariage, leur fit une dote de 60,000 livres, assignée sur les terres et seigneuries de Montréol, Château-Girard et Château-Vieux.

Cette duchesse, non contente de tout ce qu'elle avait fait pour Philippe de Savoie, sollicita le roi à augmenter encore cette dote. Ce monarque lui accorda sa demande et adjoignit aux 60,000 livres, 40,000 livres de plus, pour sûreté de laquelle somme, il leur assigna le duché de Nemours avec les seigneuries de Château-Landon, Nogent et Pont-sur-Seine.

A cet effet, cette princesse remit au roi lesdits duché, terres et seigneuries, en échange de celles de Montréol, Château-Girard et Château-Vieux. Ces arrangemens se firent en vertu de lettres-patentes de François 1er, données à Saint-Germain-en-Laie le 22 décembre 1528. A dater de cette époque, Philippe de Savoie se vit possesseur des 100,000 livres affectées aux duché et seigneuries dont j'ai parlé. Néanmoins, suivant Guichenon, Sainte-Marthe et autres, sa bienfaitrice y demeura encore jusqu'à sa mort qui eût lieu au château de Gretz, en Gâtinais, proche Nemours, le 22 septembre 1531. Malgré cette réunion de Château-Landon à Nemours, le premier conserva également son siège de bailliage; ainsi qu'on le verra plus amplement dans les chapitres suivants.

CHAPITRE XVIII.

RÉPUTATION, FOIRES, MARCHÉS, AUDIENCES ET AUBERGES DES CHATEAU-LANDONNAIS.

Les Château-Landonnais ont eu, de tout temps, la réputation d'être moqueurs, et ils le sont encore aujourd'hui plus que jamais; C'est pourquoi leur moquerie est passée en proverbe, et l'on dit communément de Château-Landon :

>   Petite ville et grand renom,
>   Nul n'y passe sans son lardon.

C'est cette version qui a donné lieu à l'anecdote suivante :

>   Un Monarque français, entendant cet adage,
>   Veut aller, à son tour, visiter ce village;
>   Et lui-même savoir s'il aurait son lardon,
>   Ce prince n'avait pas, selon moi, trop raison.
>   Puisqu'aucun avant lui n'avait pu s'y soustraire,
>   Pouvait-il espérer de se tirer d'affaire ?
>   Il y comptait pourtant gardant l'incognito :
>   Et se rendit, fort tard, à l'*hôtel du Chapeau.*
>   L'hôtesse lui prépare au plus vîte une chambre,
>   Brillante de décors et parfumée à l'ambre;
>   Il y dîna très-bien, quoiqu'un peu mal servi,
>   Et pour quelques instans se jeta sur un lit.
>   Mais voulant éviter ce maudit caquetage,
>   Qui, dans Château-Landon se trouve être d'usage,
>   Il se lève matin, et avant que l'aurore,
>   Eût écarté ses doigts sur les jardins de Flore,

Le sire est à cheval et se croit bien sauvé ;
Mais il était trop tard, quelqu'un était levé,
Car à peine fut-il avancé dans la rue
Qu'il entend près de lui fillette à voix aiguë,
Articulant ces mots : » Dis donc, voisin Delouches,
« Celui-ci ne veut pas être piqué des mouches,
« . . . . Il part assez matin ! ! ! ! »

P. E. P.

Le roi, dit-on, entendant cette judicieuse apostrophe, resta tout interdit et retourna sur ses pas pour attendre le jour et visiter Château-Landon.

Le lecteur trouvera peut-être mauvais qu'après avoir tant dit sur la grandeur de Château-Landon, je le fasse figurer dans cette anecdote, comme village; mais je lui ferai observer que je ne suis pas le premier qui l'ait ainsi qualifié ; car dans une charte déposée aux archives de Ferrières, donnée par Sigisbert, petit-fils de Clovis, l'on remarque, entr'autres choses, que l'oratoire où fut enterré Saint-Séverin était sur le fond de l'abbaye de Ferrières qui avait alors pour abbé, un nommé Maurilius, et que Château-Landon y est appelé bourg. Quoique je le trouve invraisemblable j'ai voulu le mentionner comme fait inséré dans d'anciens titres.

Château-Landon s'est rendu célèbre par plusieurs hommes de loi qui l'ont habité et que l'on venait consulter de quinze lieues à la ronde.

Aujourd'hui cette ville est une fourmilière de procès, comme c'était autrefois le foyer de la guerre; et il faut un homme très-éclairé pour résoudre les questions chicanières qui y sont journellement portées devant le tribunal de paix.

Le magistrat qui le préside fait preuve d'une grande sagacité.

Les audiences y tiennent le mercredi seulement de chaque semaine; autrefois, elles étaient tenues les mardis et les vendredis; ensuite ce fut les mercredis et vendredis, puis les jeudis seulement ; mais ce dernier jour gênait trop les officiers ministériels à cause du marché qui se trouve positivement le jeudi.

Les foires de Château-Landon tombent l'une, le jeudi de la Passion, l'autre, le jeudi d'avant Noël. Quant à la foire de Ponfrault transférée à Château-Landon, et qui s'y tenait le jeudi d'après Quasimodo, elle est abolie ; c'est sans doute par la négligence des anciennes autorités de cette ville, il faut donc espérer que celles d'aujourd'hui, pour le bien de leurs administrés, la remettront en vigueur.

La fête du pays est invariablement le dimanche qui suit le 15 août. Elle est une des plus belles des environs et dure habituellement trois jours.

Une ancienne affiche qui vient de m'être procurée à l'instant et conçue ainsi qu'il suit, nous donne lieu de croire que les foires de Château-Landon n'ont pas toujours été aux époques que je viens d'indiquer ; à moins qu'elles ne fussent en plus grand nombre.

FOIRES ET MARCHÉ AUX VEAUX

Etablies à Château-Landon, par arrêté du Conseil général de la Commune, du 26 juin 1793.

Indépendamment des deux foires qui s'y tiennent le jeudi de la Passion et le jeudi avant la Saint-Thomas, il y aura en ladite ville trois autres foires ; la première, dite de Saint-Séverin, se tiendra invariablement le onze février ; la deuxième, également dite de Saint-Séverin, aura lieu le lendemain de la fête dudit Saint-Séverin qui arrive ordinairement le dimanche d'après la Saint-Martin, en juillet ; la troisième dite la foire de Saint-André, tiendra régulièrement le jeudi avant la Saint-Martin.

Outre le marché au blé, à la volaille, au beurre, aux fromages et autres denrés, qui se tient ordinairement le jeudi de chaque semaine, il y aura tous les mercredis un marché aux veaux, qui se tiendra sur la place Ste-Croix, à 6 heures en été, et à 8 en hiver.

Fait et arrêté au conseil général de la commune, en la ville de Château-Landon, le 26 juin 1793. Ordonnons la publication dudit, partout où besoin sera, etc.

Maintenant Château-Landon a perdu les trois foires susdites, ainsi que son marché aux veaux ; il n'y a même aucune apparence de leur rétablissement.

Pour une ville dont la population excède 2,000 habitans, Château-Landon n'a cependant que deux auberges : *le Chapeau Rouge et le Coq Hardi.*

Elles sont constamment fermées aux malheureux et aux gens de peu d'apparence (*bien qu'ils aient de l'argent*) si l'autorité n'intervient pas pour leur faire donner un gîte.

Je suis peiné d'être obligé de rapporter ces griefs qui certainement flétrissent la gloire d'une ville aussi recommandable ; mais en historien fidèle, je le dois à mes lecteurs, et je ne paye que ma dette envers eux, en disant que si l'on n'a pas, cheval, cabriolet ou mise élégante, on ne peut être admis de bonne volonté, dans ces hôtels exceptionnels.

Heureusement pour les voyageurs M. le maire ou son adjoint lance chaque fois qu'il en est besoin (et cela est très-fréquent) un réquisitoire à l'inhospitalier aubergiste, et lui ordonne de loger celui qui se présente ; alors, par ce moyen, l'étranger tel qu'il soit, trouve, à Château-Landon, un abri contre les rigueurs de la nuit et de la faim.

Puisse ce reproche leur être salutaire à l'avenir et fournir un exemple aux jeunes gens qui voudraient embrasser cette carrière !!

Je vais maintenant transmettre textuellement et littéralement des explications et arrêts du parlement, relatifs au procès monstre qui a existé entre Nemours et Château-Landon, que j'ai recueillis dans un livre intitulé : *Recherches réduites en forme de factum pour Chateau-Landon. Anno* 1662.

CHAPITRE XIX.

EXPLICATION SUR LE PROCÈS DE NEMOURS ET CHATEAU-LANDON.

Il s'agit en la cause d'une entreprise aussi injuste que téméraire, qui a été commise par le sieur Hédelin, lieutenant-générale ès-bailliages de Nemours et Château-Landon, qui ne peut être prise que pour une prévarication en sa charge contre sa conscience et deub d'icelle, à la ruine des droicts du roi, et à la foulle et oppression du publicq, puisque suivant le deub d'icelle et par le serment qu'il a presté à la cour étant obligé de rendre la justice aux subjets et justiciables dudit baillage, en leur ressort et sans distraction, il s'est efforcé de ruiner le siège de Château-Landon pour en distraire les justiciables, et les traduire pour sa commodité particulière, en son siège à Nemours duquel ils ne sont point subjets ni justiciables n'y en ressorts n'y autrement.

En conséquence de ces officiers du baillage de Château-Landon, et les habitans de ladite ville sont appelans de deux jugements rendus par M^e. Anne Hédelin, lieutenant général ez-bailliages de Nemours et Chasteau-Landon et autres officiers résidens à Nemours en date des 18, 27 et 28 janvier 1648, et opposans à l'éxécution des arrêts de la cour obtenus par surprise par ledit Hédelin les 12 mars et 19 août, 16 septembre, 19 et 24 octobre 1648 et 2 janvier 1657 et opposant à l'exécution des lettres patentes par lesdits officiers de Nemours subreptissement obtenus de sa majesté, sous faux exposé et donné à entendre au mois de juin 1659 et arrêt de vérification de ladite cour, obtenu sur icelles le troisième jour de mai 1661.

Et encores demandeurs selon le contenu de la requête par eux presentée à ladite cour, le dixième jour d'août en suivant. Et les seigneurs chastelains, hauts justiciers des justices mouvantes et releuantes dudit bailliage et chastellenie dudit Chasteau-Landon, les ecclésiastiques, nobles gens du tiers état, des villes et paroisses qui composent ledit baillage et chastellenie intervenant, C° ledit M° Hédelin lieutenant général, M° Pierre le Roy, conseiller et autres officiers particuliers dudit Bailliage de Nemours intimez défendeurs.

CHAPITRE XX.

CONCLUSIONS.

Les officiers du bailliage de Château-Landon, surnommés appelans et apposans, et les seigneurs châtelains justiciers et autres intervenans, concluent : A ce que sans s'arrêter aux susdits arrêts des 12 mars, 18 août, 16 septembre, 19 et 24 octobre 1648 et 2 janvier 1657, et auxdites lettres-patentes et arrêt de vérification intervenu sur icelles; il soit dit, qu'il a été mal, nullement et incompétemment jugé par lesdits jugemens rendus au siège de Nemours, et bien appelé par les appelans : Et en émandant que conformément aux arrêts contradictoires de ladite cour intervenus le 23 août 1630 et 26 février 1650, lesdits appelans, demandeurs et intervenans seront maintenus et conservés; savoir : en ce qui regarde les officiers dudit bailliage, résidant à Château-Landon, dans la possession du titre immémorial dudit bailliage et l'éxercice d'icelui à Château-Landon.

Et quant auxdits seigneurs hauts, bas et moyens justiciers, en la pleine et entière possession de l'exercice de leurs justices, de relever les appellations d'icelles et de faire comparaître leurs officiers aux assises qui se tiendront, ainsi qu'il a été fait de tous temps, aux siège du bailliage qui a toujours été et sera tenu en la ville de Château-Landon.

A l'égard desdits ecclésiastiques, nobles et gens du tiers état qu'ils seront maintenus au droit immémorial qu'ils ont de traiter leurs causes, procès et différentes matières de bailliage, audit siège en la ville de Château-Landon, avec défense audit Hédelin et autres officiers résidans à Nemours, de les troubler ni traduire en autre siège, conformément aux ordonnances, à peine de nullité, dépens, dommages, intérêts.

CHAPITRE XXI.

EXPOSÉ.

Le faict est; que Nemours et Chasteau-Landon, qui sont deux villes voisines, et qui ont leurs juridictions, domaines, seigneries et chastellenies distinctes et séparées ayant été possédées par les mêmes seigneurs; sauoir : depuis l'an 1406 que Nemours, qui n'était que simple seigneurie, sans titre, qualité ny juridiction, fut erigé en ville et duché en faveur de Charles 3 roy de Navarre, auquel fut aussi donné par assignation, les seigneuries de Nogent et Pont-sur-Seine, Beaufort en Champagne, Coulommiers en Brie, et autres pour composer douze mille livres de terres qui étaient données audit roi de Navarre jusqu'en l'an 1475, qu'il fut remis au domaine royal et encores depuis l'an 1528, que le roy François 1er les donna par engagement à Philippes de Sauoie, comte de Genève. Ces seigneurs et possesseurs qui tindrent ces seigneuries à simple tiltre de domaine et d'engagement, pour se soulager des frais de plusieurs officiers, auraient pourveu et nommé au roi des officiers seuls et uniques pour l'exercice des deux bailliages de Nemours et Chasteau-Landon, lesquels depuis ledit temps, faisant leurs résidances indifféremment en l'vne ou l'autre desdites villes, en ont fait les fonctions en chacun desdits sièges séparement et distinctement pour chacun des ressorts et chastellenies, sans distraction considérable jusqu'à l'entreprise dudit Me Hedelin, lieutenant-général qui est telle que cet officier préférant son intérest particulier à la commodité publique, parcequ'il auait éstabli sa résidance à Nemours par une témérité inouye et sans éxemple sans garder aucune forme n'y ordre de justice, et traittant du souverain, s'est aduisé avec autres officiers résidens audit Nemours induits et sollicitéz par lui par le prétexte de leur commodité de rendre lesdits jugemens dont est appel par lesquels de son autorité privée, plain pouuoir et puissance absoluë, comme s'il était lui-même le souverain pour juger en sa cause sur ce qu'il expose à lui-même que dans le duché de Nemours il n'y a qu'un seul siège qui doit être à Nemours et qu'à Château-Landon il n'y a jamais eu qu'vn préuôst et premier juge ordinaire, sans aucun siège de bailliage et que l'éxercice qui a esté fait n'était qu'un abvs et une erreur de ses prédécesseurs officiers qui ne pouvaient ni ne devaient y faire ledit éxercice ny mesme y tenir les assises, non plus qu'aux autres chastellenies dudit Duché, il ordonne que dorcsnauant il ne se tiendra plus audit Chasteau-Landon aucunes assises ny siège de bailliage et que les causes de la chastellenie seront traittées audit siège de Nemours.

Enjoint aux officiers dudit bailliage résidens audit Chasteau-Landon d'aller à Nemours faire leur résidence et l'éxercice de leurs charges ; fait défenses aux subjets et justiciables du ressort de ladite chastellenie de Chasteau-Landon de plus se pourvoir audit Chasteau-Landon et leur enjoint d'aller réquérir et demander justice audit siège à Nemours. Ce qui sera leu et publié par tout le ressort dudit bailliage ; défenses audits officiers résidens à Chasteau-Landon d'y plus faire aucun éxercice, à peine d'interdiction.

Les officiers et habitans de ladite ville de Chasteau-Landon ayant interjetté appel de ces jugements ridicules, et icelui releué en la cour, où les gens des estats de la prouince seroient interuenus.

Par arrest rendu contradictoirement entre les parties plaidantes, la cour a appointé les parties au conseil sur les appellations et observations de Mʳ l'aduocat général Talon qui remontra que l'affaire estoit de longue discution, et néanmoins ordonné que l'éxercice de la juridiction dudit bailliage se ferait à Chasteau-Landon pour tout le ressort d'iceluy ainsi qu'il estait accoutumé les jours de mardy et de vendredy de chaque semaine.

Mais comme cet esprit subtil ne manque pas de hardiesse ni d'invention pour esluder mesme l'effect et l'authorité des arrêts de la cour, il voulut deslôrs prétendre d'empescher l'éxécution de cet arrêt de maintenuë et pour cet effect il fit publier un libelle qu'il appellait jugement, par luy rendu, par lequel il supposait que l'intention de la cour n'estoit pas d'ordonner un éxercice réel et effectif de bailliage en la ville de Chasteau-Landon, pour le ressort de sa seigneurie et chastellenie, mais que seulement elle avoit entendu que cette juridiction s'exerceroit à Chasteau-Landon par les officiers de Nemours, ès-jours de mardy et vendredy, (*inter volentes*) sans qu'aucun fust abstraint de s'y pourvoir, mais indifféremment audit Nemours ou à Chasteau-Landon au gré des justiciables. Qu'il n'y auroit aucun greffier à Chasteau-Landon et que le greffier de Nemours s'y tranporterait ès-dits jours, faisans deffenses ausdits officiers résidans à Chasteau-Landon d'y faire aucuns actes de justice à autres jours, et à toutes personnes d'y éxercer aucun greffe, à peine de faux.

Ce qui ayant forcé lesdits appelans de se pourvoir de rechef en ladite cour. Il fut donc ordonné par un autre arrêt que le premier serait éxécuté, et que conformément à iceluy, les expéditions et audiences ordinaires du bailliage tiendroient ès-dits jours et pour les extraordinaires qu'elles seraient expédiées et éxercées par lesdits officiers de Chasteau-Landon, à toutes sortes de jours sans distinction et qu'à cet effet il y aurait un greffier du bailliage qui feroit son éxercice et sa résidence audit Chasteau-Landon.

L'authorité de ces arrêts n'a pas esté capable de tenir ledit Hedelin dans les bornes de son devoir, il a fallu pour contenter son ambition que toute la province se soit ressentie de son entreprise et que le trouble qu'il a excité passât jusqu'à la ruïne des appellans, et à l'oppression des justiciables; il est ennemy du repos, et s'il ne le peut trouver en lui-même il ne le peut souffrir en autruy; toute son estude et ses efforts ont été à la distraction des justiciables et à la contestation des ressorts : Et bien que les chastellenies soient bien assez séparées, et qu'il importe au roy de les conserver en leur entier puisqu'elles font partie de son domaine, et que n'estant tenues que par engagement comme elle y doivent retourner il est très important de n'y rien innouer, il n'a delaissé de contraindre tantôt l'un tantôt l'autre par violences de se distraire du ressort dudit Chasteau-Landon pour les attirer en son siège à Nemours sous des prétextes spécieux il n'a pas manqué de se rendre favorables les seigneurs et les ducs de Nemours, les assurant de procurer par ses desseins un notable advantage pour l'augmentation du revenu de leurs domaines. Il a lui-mesme sous des noms empruntéz, pris lesdits domaines à ferme à des conditions advantageuses, il s'est rendu maistre de leurs tiltres et a employé leur nom et leur authorité pour paruenir à son dessein, et tâcher à ne trouver aucun obstacle au délabrement qu'il prétendait faire du ressort dudit baillage et chastellenie de Chasteau-Landon. Toutes ces violences n'ont pas empesché que les appelans qui combatent pour leur bien particulier, pour la dignité de leurs ancestres et pour la conservation de leur patrie, ne se soient fortement opposés à ces nouuelles entreprises, d'autant plus fâcheuses et difficiles, que ledit Hedelin, qui est lieutenant-général, et principal officier en ce baillage, aussi bien qu'en celui de Nemours trouvant parmi eux le respect et le credit du à sa charge, a toujours fait un grand obstacle à la justice de leur défense et protection : mais comme il est assez difficile de réussir dans les mauvais desseins, et que la voie de la distraction du ressort dudit Chasteau-Landon, composé de plus de cent paroisses, et de plus de six vingt justices inférieures, dont il y en a cinq qui portent le tiltre de Chastellenies auec ressorts était un chemin trop long pour arriver à son but s'est avisé d'un autre moyen.

Il y avait à Chasteau-Landon deux officiers principaux résidens l'un M⁰ Marin Berthelet lieutenant particulier ès-baillages de Nemours et Chasteau-Landon, l'autre M⁰ Etienne Petit conseiller en iceux de la création de 1622. Lesquels faisant partie du corps en général des officiers du bailliage de Chasteau-Landon estoient parties en la cause avec les appelans et les interuenans, il a creû qu'en gaignant ces deux particuliers et les tirant d'intérêt il ne trouverait plus d'opposition à son dessein.

Pour y parvenir il faut savoir que suivant les anciens ordres du royaume et les anciennes ordonnances par lesquelles il est expressement porté qu'en toutes les villes royales, il y aura un prévôt et juge ordinaire avec un bailly, faisant deux degrés de juridiction, comme il est encore en toutes les villes, où l'édit de Cremieu n'a point été éxécuté.

Il y a ès-dites villes de Nemours et Chasteau-Landon ces deux dégrès de juridiction, et qu'il n'y avait qu'un prevost pour l'éxercice de ces deux prevostés pourvu par les Ducs de Nemours pour l'une et l'autre prévosté, dans la vue de leur intérêt comme il est ci-devant dit : ce prévost était M⁰ Tambonneau, il a mesnagé son esprit et a traité de sa charge, ensuite il a séparé la charge singulière de prévost audit Chasteau-Landon ; avec laquelle il a si bien sceû mesnager l'esprit du conseiller Petit qu'il l'a obligé à faire un traité avec lui, par lequel en remettant ès-mains dudit Petit ladite charge de prévost de Chasteau-Landon Petit lui a aussi cédé sa charge de conseiller ès-dits baillages de Nemours et Chasteau-Landon, et de la même intelligence il fit passer un arrêt par appointé entre lui et ledit Petit qui était partie en la cause avec les appellans, par lequel arrêt comme si ledit Petit estoit seul partie capable de luy contester ses injustes prétentions, et qu'il n'y eut plus d'autres parties en cause, il fait dire et ordonner que sur l'appel de ses jugemens; les parties sont mises hors de cour et de procez, deffense de faire aucun éxercice de bailliage à Chasteau-Landon.

C'est là l'un des arrêts contre lesquels les appellans sont en opposition demandeurs, et sur quoi il eschet à prononcer. Les moyens n'en sont pas difficiles parce que Petit n'estoit plus partie; et quand il l'eut été : c'est un particulier qui ne peut prejudicier au droict public; mais d'avantage cet arrêt n'est produit que par l'intelligence et par l'éxécution du traité particulier fait entr'eux pour raison des susdites charges et ne peut faire aucune conséquence en la question et au droict général, qui regarde toute la province et non pas ledit Petit.

A l'esgard de Berthelet, lieutenant particulier, ledit Hedelin s'est servi d'un autre moyen, comme il a veu que l'intérêt particulier prévaut ordinairement dans un esprit inconstant et léger sur l'interêt public, il a touché ledit Berthelet sur ce point, il a fait un traité avec lui sur le réglement de leurs charges, par lequel lui ayant donné plusieurs advantages lucratifs et bursaux, l'avarice à prévalu sur l'ambition, et alors il a cédé la partie, et s'est engagé à aller demeurer à Nemours, les actes qu'ils ont fait entr'eux n'ont point été mis en évidence, ce sera sans doute quelque pièce de la même étoffe que celle dudit Petit qui n'est pas de meilleur conséquence.

Ledit Hedelin a bien reconnu que toutes ces pièces, intrigues et monopoles n'estaient pas encore suffisans pour le projet qu'il avait formé, et pour soutenir l'injustice de ses entreprises, il a cherché un autre moyen qui se trouvera aussi faible que les précédens, il a cru qu'il ne pouvait plus rencontrer d'opposition et pour assurer son injustice, il a sur les mêmes prétextes et suppositions par lesquelles il avait prétendu appuyer ses jugemens, obtenu des lettres patentes de sa majesté en formes de déclaration en juin 1659 par lesquelles il fait ordonner que l'exercice des deux bailliages se fera à Nemours et non à Chasteau-Landon supposant toujours qu'il n'y a jamais eu de siège ni d'établissement de bailliage audit lieu et par la même surprise et sans ouyr ny appeller les opposans qui y ont le principal intérêt il a fait donner arrêt en ladite cour le 3 mai 1664 sur la vérification desdites lettres.

C'est encore un des objets de l'appel.

Les raisons que ledit Hedelin a supposées pour appuyer ses jugemens dont est appel et la déclaration du roi contre laquelle on est opposant sont : Qu'en la ville de Chasteau-Landon il n'y a jamais eu de siège de bailage et qu'il n'y a que simple Chastellenie, et n'y doit avoir qu'un prevost royal, relevant et dépendant du siège et bailliage de Nemours.

Que dans tout le Duché de Nemours il n'y a eu qu'un bailly et par conséquent qu'un siège de bailliage où toutes les matières qui en regardent l'exercice doivent estre portées.

Que l'exercice qui en a été ci-devant fait à Chasteau-Landon est un abus et une erreur commis par les officiers prédécesseurs dudit Hédelin qui ne pouvaient ni ne devaient y faire ledit exercice ni mesme y tenir des assises, non plus qu'aux autres Chastellenies du Duché.

Pour les moyens d'appel et d'opposition des appellans et intervenans, ils tendent à détruire ces trois moyens et à justifier du contraire : après quoi ils espèrent de la cour une maintenue définitive pour l'éxercice dudit bailliage en ladite ville de Chasteau-Landon, comme il a été de tout temps observé.

A l'égard du premier point il faut montrer que de tout temps et ancienneté ladite ville de Chasteau-Landon comme capitale du Gâtinois a eu toutes les prérogatives et privilèges des villes royales et que bailliage et siège royal provincial y a toujours été éxercé et que les appellations dudit siège ont toujours releué nuëment et sans moyen en la cour du parlement ce qui est amplement prouvé dans l'histoire ancienne.

Il semble que la meilleure preuve c'est de se restraindre dans les termes de l'ordonnance qui dit qu'en toutes les villes royales, il y aurait siège de bailliage et prévosté royale; et de dire que Chasteau-Landon ayant toujours esté ville royale, on ne peut douter que conformement à l'ordonnance, il n'y ait toujours en siège de bailliage et prévosté royalle comme il s'y trouvent encore de présent exercez et établis : Et partant : qu'il y a erreur et supposition au fondement, tant des prétendus jugemens dudit Hédelin, que des lettres patentes par lui obtenuës; ce qui doit suffire pour en rendre l'effect nul et abusif.

Mais pour ne rien omettre et pour montrer l'injustice de l'ambition du sieur Hedelin, et la vanité de ses projets, le crime qu'il commet contre le roy et le publicq, et la prévarication en sa charge, en détruisant ce qu'il était obligé de conserver; il faut le faire demeurer d'accord que par toutes les loix et coutumes du royaume si dans la province du Gastinois il doit y avoir séance et siège de bailliage, c'est à Chasteau-Landon où il a deub estre establi, et que si la ville de Nemours a jouy ou participé à cette dignité et prérogatiue, c'est un bienfait de la puissance souveraine qui lui en a communiqué l'honneur à la diminution des droits dudit siège de Chasteau-Landon capitale de la province. (Suit quelques traits d'antiquité de Château-Landon relatés au chapitre 1er de de cette histoire.)

CHAPITRE XXII.

EXTRAIT DES REGISTRES DU PARLEMENT.

Entre M⁰ Etienne Petit conseiller du roy au Bailliage de Nemours et Château-Landon, M⁰ Louis Caillat substitut de M⁰ François Berthier, et adjoint aux enquêtes en la chastellenie et siège de Chateau-Landon appellans, tant comme de juges incompétens qu'autrement, des sentences rendues par M⁰ Anne Hédelin lieutenant général et M⁰ Pierre Leroy conseiller et ledit Berthier les 18, 27 et 29 janvier 1648 et de tout ce qui s'en est suivi, et encore M⁰ Marin Berthelet conseiller du roi, lieutenant particulier, assesseur criminel audit Baillage, et lesdits Petit et Caillat demandeurs en lettres en forme de requête civiles obtenues le 4 janvier 1649. Contre les arrêts des 12 mars, 19 aout, 16 septembre, 19 et 24 octobre 1648, d'une part. Et ledit Hédelin conseiller du roi, président, lieutenant général civil et criminel commissaire enquêteur, éxaminateur au baillage et duché de Nemours, ledit Leroy conseiller en icelui et ledit Berthier substitut du procureur général du roi audit baillage de Nemours, Grez, Château-Landon, Cheroy, Pont-sur-Yonne et autres justices en dépendantes, intimés en leurs noms, et ledit Hédelin défendeur en ladite requête civile d'autre part : Et encore M⁰ Robert Veidy curé d'Egréville, Nicolas Chereau curé du Bignon, Gilles Hamelin curé de Cheroy, Toussaint Rochereau curé de Branles, Gilles Fouquet, curé de Chevannes, Jean Taureau curé de Gondreville la Franche,

Fiacre Gaulcher curé de Corbeilles, André Soufflier curé de Moulon, Achile Vernier curé de Juranville, Louis Foudreau curé de Mignère, Jean Paillet curé de Chapelon, Charles Carré curé de Treilles, François Rozes curé de Préfontaines, Blaise Fichet, curé de Dordives, Nicolas Guerbois curé de Courtampierre, André Doulcet curé de Sceau, demandeurs en requête par eux présentée à la cour le 22 juin 1649, afin d'être reçus parties intervenantes en ladite cause et à y déduire leurs intérêts, Joachim de Melun écuyer seigneur du Bignon, Antoine le Coutellier, Dupuis écuyer seigneur de Jouy, Louis de Conquerant écuyer seigneur de Gondreville, Alexandre de la Lande écuyer seigneur de Courtampierre, Marie du Béré veuve de Claude Le Clerc écuyer seigneur de Corbeilles, Anne de Cosne veuve de Philippe de Villerreau, écuyer seigneur de Juranville, Jacques du Bouchet écuyer seigneur de Jallemain, Chistophe de Bracart écuyer seigneur du Mouceau, César des Voisines écuyer seigneur de Chancepoix, Aimond de Vaucouleurs écuyer seigneur de Bésigny, Pierre de Moncelard écuyer seigneur de Maison rouge, Julles Thiballier écuyer seigneur de Villebourjon, Claude Regnier écuyer seigneur de la Roche Beaurepaire, Catherine de Villiers dame des Fontaines, Marie de Graville veuve de Jacques Destraton écuyer seigneur de Courbery, Charles de Moncelart écuyer seigneur de la Planchette, Aubin de Charenton écuyer seigneur de Fontencilles, Géneviève de Paujot veuve de Jacques de Carmeno écuyer seigneur de Chuelles, Catherine de Raudal veuve de Jacques de la Vergne écuyer seigneur dudit lieu, Alexandre de Montropillon écuyer seigneur du Pin, Louis de Harlant écuyer seigneur de la Vallée, François Dubois écuyer seigneur du Fillet, Charles de Vaucouleurs, écuyer seigneur du Nau, Charles de Vivre écuyer seigneur de Givrainnes, Charles de Beauregard écuyer seigneur de la Camardière et Pierre Pelletier écuyer seigneur de la Souleur demandeurs en une autre requête présentée le 12 de juin 1649.

Mᵉ Louis Berthier lieutenant des prévôtés de Nemours et Château-Landon, et Mᵉ Etienne Ramon, Etienne Michault, Robert Doulcet, Pierre Berthier, et Claude Petit avocats, Claude Perrault adjoint, Claude Doulcet, Guillaume Thion, Jacques L'huilier, Jean Bretin, et Pierre Yves procureurs; Louis Thion ainé, Etienne Château, Gilles la Forêt, Denis l'Héritier, Louis Thion jeune, Jacques Lerat, Hilaire Pointloup, Siméon le Maire, sergens royaux habitant tous Château-Landon demandeurs en autre requête d'intervention du 12 juin 1649 d'autre part. Et encore Messire Charles Amédée de Savoie duc de Genève, de Nemours et d'Aumalle demandeur en une autre requête du 11 août 1649, Louis Chapotin écuyer seigneur de Darvault, Fromonville et autres lieux, conseiller du roi, bailli de Nemours et Château-Landon et autres lieux demandeur en autre requête d'intervention du 31 août dite année; et Mᵉ Jean Marchand avocat du roi au baillage et duché de Nemours, castellenies de Grez, Château-Landon et autres terres dudit Duché aussi demandeur en autre requête d'intervention du 28 dudit mois d'autre part.

Lesdits Hédelin, Berthelet, Petit, Leroy, François Berthier et Caillat d'autre part défendeurs, sans que les qualités puissent préjudicier aux parties.

Après que Martinet pour lesdits Berthelet et Petit et Caillat, Defitta pour les intervenans, Bezard pour ledit Leroy, Gaurillon pour François Berthier, Patrut pour ledit Hédelin, Pucelle pour le seigneur de Nemours, Girard pour Chapotin et Bluet pour ledit Marchand ont été ouïs.

Talon pour le procureur général du roi a dit qu'en cette cause les demandeurs prétendaient que Nemours et Château-Landon étaient deux baillages unis et qu'on soutenait au contraire que depuis l'année 1404 il n'y avait jamais eu dans le duché de Nemours qu'un baillage dont Château-Landon n'était qu'une castellenie; qu'il était certain qu'il n'y avait qu'un corps d'officiers, un bailli, un lieutenant général un lieutenant particulier et deux conseillers, et que de tout temps on avait expédié et jugé à Nemours les affaires de Château-Landon, où néanmoins on n'avait pas laissé d'entretenir quelqu'exercice de justice entre les particuliers, que par arrêt de l'an 1602 donné entre les lieutenans général et particulier il avait été permis d'y faire quelques expéditions ordinaires; mais ordonné que tous les procès appointés seraient jugés à Nemours, que depuis ayant été créé deux conseillers au baillage, par traité fait entr'eux l'un serait demeuré à Nemours et l'autre à Château-Landon. Sur quoi par arrêt de l'an 1627 il aurait été ordonné que les affaires s'expédieraient et jugeraient en l'auditoire et chambre du conseil de Nemours; que par cet arrêt on prétend que les expéditions ne doivent plus être faites à Château-Landon; bien qu'elles y aient été continuées; mais que le lieutenant général et les autres officiers se plaignaient que quand il vont à Château-Landon pour les expéditions, ils n'y trouvaient point d'affaires qui s'expédiaient après aux autres jours et en leurs absences.

Que cette cause était chargée de faits et grand nombre de pièces, que l'audience ne pouvait porter; qu'il estimait que la cour pouvait appointer les parties sur l'appel et requête civile, et ordonner qu'elles mettraient le procès en état dans tel temps qui lui plairait, et cependant que les officiers de Nemours pourraient faire les expéditions ordinaires à Château-Landon deux fois la semaine sans qu'on y pût faire aucun acte de justice aux autres jours à peine de faux.

La cour tant sur la requête civile qu'appellations a appointé les parties au conseil : ordonne qu'elles mettront le tout en état de juger dans trois mois; cependant ordonne que la justice se rendra à Château-Landon les mardi et vendredi seulement sans que les officiers du siège de Nemours demeurans à Château-Landon la puissent rendre, ni faire aucuns actes de justice à autres jours à peine de faux. Fait en parlement le quatrième jour de septembre mil six cent quarante neuf.   *Signé Dutillet.*

CHAPITRE XXIII.

EXTRAIT DES REGISTRES DU PARLEMENT.

Entre M⁹ Marin Berthelet conseiller du roi lieutenant particulier, assesseur civil et criminel au baillage de Nemours et Château-Landon, resident à Nemours, Etienne Petit conseiller audit baillage, Louis Caillat, substitut du substitut du procureur général, et adjoint aux enquêtes aux baillage et prévôté de Château-Landon, Louis Berthier lieutenant des prévôtés de Nemours et Chateau-Landon, Claude Perrault adjoint aux enquêtes, Etienne Bertrand, receveur des épices, M⁰ Claude Doulcet, Guillaume Thion, Jacques L'huillier Bertrand, Pierre Yves procureurs audit Château-Landon, Louis Thion ainé, Jules Lerat, Gentien, Cocquin, Etienne Chasteau, Gilles Laforêt, Denis L'héritier, Louis Thion jeune, Hilaire Poinloup et Simon Lemaire, sergens royaux à la résidence de Château-Landon demandeurs aux fins d'une requête par eux présentée à la cour le 14 février 1650, tendante à ce qu'il plaise à la cour, en attendant l'arrêt définitif de réglement d'entre les défendeurs ci-après nommés résidant audit Nemours et les procureurs et autres parties dénommées en l'arrêt d'appointé au conseil du 4 septembre 1649, ordonner que ledit arrêt sera éxécuté, et en expliquant icelui que les séances ordinaires de la justice tant pour les audience, instruction, jugemens définitifs, prononciation d'iceux, que toutes autres fonctions ordinaires de justice, se tiendront audit Château-Landon, ainsi qu'il est accoutumé pour tout le ressort dudit lieu, ès-jours de mardi et vendredi de chaque semaine pour tout le jour, et pour les affaires extraordinaires tant au civil qu'au criminel et qui réquièrent célérité, qu'elles seront traitées ès-autres jours, ainsi qu'il a été fait de tout temps par celui des officiers qui se trouvera sur le lieu ; ce faisant que conformément à l'arrêt du 23 août 1630, deffenses seront faites tant audit M° Hédelin qu'aux autres officiers résidans à Nemours de distraire les justiciables dudit Château-Landon, du ressort de ce dernier ni les traduire au siège de Nemours à peine de mille livres d'amende, nullité des procédures, et de tous dépens, dommages, intérêts, et que pour recevoir lesdits jugemens, instructions, et autres actes de justice, tant ordinaires qu'extraordinaires, le greffe sera établi à Château-Landon comme il y fut de tout temps. Ce faisant que conformement à l'arrêt du 25 septembre dernier, le fermier du domaine sera tenu dans la quinzaine pour tout délai un commis au greffe qui résidera à Chateau-Landon auquel défenses seront faites d'en sortir ni d'en transporter les minutes ailleurs, à peine de punition, et autrement et à faute de ce faire le temps passé qu'il y sera commis et pourvu par les demandeurs d'une part. Et ledit M° Hédelin conseiller du roi auxdits sièges, et M° Berthier substitut du procureur général du roi audit bailliage, défendeurs d'autre part, et encore entre les religieux prieur de l'abbaye de Cereanceaux, seigneurs hauts justiciers, Robert Veidy prêtre curé d'Egréville et consors demandeurs en une autre requête par eux présentée à la cour le 19 fevrier présent mois et an, et Joachim de Melun, écuyer seigneur du Bignon, Antoine le Coustellier, Dupuis écuyer seigneur de Jouï, et consors demandeurs en autre requête du même jour, à ce qu'attendant la décision du jugement du procès d'entre les parties, il plût à la cour ordonner que la justice dudit siège et baillage de Château-Landon s'exercera audit lieu ; ainsi qu'il a été fait de tout temps, sans que les justiciables dudit baillage puissent être attirés à Nemours soit en demandant ou défendant, appellans ou intimés et que la justice leur sera rendue à l'ordinaire les mardis et vendredis, tant pour les audiences instructions et jugement des procès et prononciation des sentences, par les officiers qui se trouveraient au siège et à tous les jours et à toute heure, pour raison des affaires qui réquiérent célérité et ne se peuvent différer ; et que les procès qui seront instruits à Château-Landon y seront jugés, et les sentences prononcées à l'audience dudit baillage, et les sentences et dictum baillés au Greffier d'icelui pour les délivrer aux parties, avec défenses d'y contrevenir ni attirer aucun des justiciables du baillage de Château-Landon en celui de Nemours, directement ou indirectement et que s'il s'y en presente quelques uns de les renvoyer audit Château-Landon sur telle peine qu'il plairait à la cour ordonner, d'une autre part. Et lesdits Hédelin, Leroy et Berthier défendeurs d'autre. Et encore entre ledit Hédelin demandeur en une autre requête par lui présentée à la cour le 19 fevrier présente année, tendante à ce que sans avoir égard auxdites requêtes desquels lesdits de demandeurs seraient déboutés, lesdits arrêts du mois de septembre dernier seront éxécutés selon leur forme et teneur et que pour la prétendue contravention à iceux, lesdits Berthelet, Petit, et consors, officiers seront condamnés en telle amende qu'il plaira à la cour ordonner d'une part, et lesdits Berthelet, Petit, Caillat et consors, officiers résidans à Château-Landon, lesdits Religieux, Prieur de Cercanceaux, Veidy et consors, et lesdits de Melun, le Coustellier, Dupuis et consors défendeurs d'autre part, sans que les qualités puissent nuire ni préjudicier. Après que Pucelle pour Hédelin, Martinet pour Berthelet et autres demandeurs en requête, Chardon pour les curés, religieux et intervenants gentilshommes, et **Bluet** pour un autre intervenant ont été ouïs, Talon pour le procureur général du roi. LA COUR sur l'opposition et requête a appointé et appointe les parties en droit à écrire et produire tout ce que bon leur semblera dans la huitaine, et joint à l'instance de lettres en forme de requêtes civiles sauf à disjoindre; cependant par provision seront les arrêts éxécutés et suivant iceux la justice sera rendue par les officiers de Nemours en la ville de Château-Landon les mardis et vendredis tant à l'audience qu'en procès par écrit, pour toutes affaires de justiciables dudit Château-Landon qui se présenteront, à cette fin il y demeurera un greffier pour y faire toutes expéditions et au regard des affaires sommaires et qui réquièrent célérité se pourront faire les autres jours audit Château-Landon par les officiers y résidens, sans qu'aucuns desdits procès puissent être jugés à Nemours, le tout jusqu'à ce qu'autrement par la cour en jugement ladite requête civile, en soit ordonné. Fait en parlement le 26 février 1650. *Signé Gvyet.*

CHAPITRE XXIV ET DERNIER.

EXTRAIT DES REGISTRES DU PARLEMENT.

Vu par la chambre des vacations la requête à elle présentée par Alexandre de la Lande écuyer seigneur de Courtampierre, le Désert, le Mesnil et autres lieux, César des Voisines écuyer seigneur de Chancepoix, Mocpoix, Thiercenville, et autres lieux, Gaspard du Boucher écuyer seigneur de Chaceval, Antoine du Boucher écuyer seigneur de Jallemain, Fontaines et autres lieux, Etienne de Journenvière écuyer seigneur Desgaufaudier et consors, seigneurs châtelains, hauts, moyens et bas justiciers, religieuses personnes Pierre Michelet curé et prieur de Saint-Thugal, Thomas Dagues prieur du Boulay, Jean Frinon curé de Cordy-le-Roi; Nicolas Guerbois curé de Courtampière, André Doulcet curé de Sceaux, et consors ecclésiastiques du ressort du baillage de Chateau-Landon; à ce que les supplians fussent reçus opposans à l'éxécution tant de l'arrêt surpris sans parties capables le 2 janvier 1757, qu'à la déclaration du mois de juin 1669 et arrêt de vérification intervenu sur icelle en conséquence le trois mai 1661. Permis sur ladite opposition faire assigner qui bon leur semblerait sur laquelle les parties auraient audience au 1ᵉʳ jour d'après la Saint-Martin, et cependant, sans préjudice des droits des parties au principal, que la justice rendue aux supplians, et à leurs sujets au baillage dudit Château-Landon, par les officiers résidans, sur les lieux, ainsi qu'elle a toujours accoutumé. Défenses de les y troubler à peine de tous dépens, dommages et intérêts.

Vu aussi lesdits arrêts et autres pièces attachées à ladite requête *Signée Saulière* procureur : Couclusions du procureur général du roi : Ouï le rapport de M⁰ Clément le Meunier conseiller en icelle et tout considéré : LA CHAMBRE a reçu et reçoit lesdits supplians opposans, ordonné que commission leur sera délivrée pour faire assigner en icelle qui bon leur semblera, pour procéder sur ladite opposition, sur laquelle les parties auront audience au premier jour d'après la Saint-Martin. Et cependant sans préjudice de leurs droits au principal par provision, seront les arrêts des 26 février 1650, et 4 septembre 1649 éxécutés et suivant iceux la justice rendue aux justiciables du baillage de Château-Landon par les officiers sur les lieux dans la ville de Château-Landon ainsi qu'il est accoutumé. Fait défenses des les y troubler jusqu'à ce qu'autrement par la cour en ait été ordonné, et sera l'arrêt éxécuté par vertu de l'extrait. Fait en vacations le 15 septembre 1661. *Signé Robert.*

Collationné aux originaux, par moi conseiller sécretaire du roi et de ses finances.

Signature illisible.

FIN.

Table des Matières.

		PAGES.
Epitre dédicatoire.		v.
Préface.		vii.
CHAP. I. —	Château-Landon.	1.
— II. —	Paroisse Notre-Dame.	8.
— III. —	Paroisse Sainte-Croix.	12.
— IV. —	Paroisse Saint-Thugal.	14.
— V. —	Abbaye et paroisse Saint-Séverin.	17.
— VI. —	Abbaye de Saint-André.	30.
— VII. —	Abbaye de Cercanceaux.	32.
— VIII. —	Abbaye de Pontfrant ou Ponfrault.	34.
— IX. —	Abbaye de Néronville.	36.
— X. —	Chapelles et prieurés.	37.
— XI. —	Hospice.	39.
— XII. —	Hameaux.	41.
— XIII. —	La croix du Bourdon.	45.
— XIV. —	Canton de Château-Landon.	47.
— XV. —	Siège de Château-Landon, etc.	54.
— XVI. —	Bailliage de Château-Landon.	58.
— XVII. —	Pillages divers, etc.	60.
— XVIII. —	Réputation, foires, marchés, etc.	65.

			PAGES.
CHAP.	XIX.	— Explication sur le procès, etc.. . . .	69.
—	XX.	— Conclusions.	71.
—	XXI.	— Exposé.	73.
—	XXII.	— Extrait des registres du Parlement. .	81.
—	XXIII.	— Extrait des registres du Parlement. .	86.
—	XXIV.	— Extrait des registres du Parlement. .	90.

ERRATA.

Page 3, ligne 3 : châtellerie, *lisez* châtellenie.
Page 3, lignes 3, 5 et 15; page 43, lignes 11, 12 et 26 : Sallemain, *lisez* Jallemain.
Page 4, ligne 7 : faute, *lisez* fonte.
Page 18, ligne 18 : Vesal, *lisez* Visal.
Page 20, ligne 4 : presbytèr, *lisez* presbytère.
Page 21, ligne 22 : incendiés, *lisez* incendies.
Page 24, ligne 24 : Salazan, *lisez* Salazar.
Page 25, ligne 8 : Césoir, *lisez* Cisoir.
Page 25, ligne 11 : de Pernay, *lisez* d'Epernay.
Page 29, ligne 13 : avaient été, *lisez* avait été.
Page 39, ligne 3 : usines, *lisez* censives.
Page 43, ligne 19 : Lequay, *lisez* Lequoy.
Page 44, ligne 1re : Repas, *lisez* Repos.
Page 44, ligne 15 : les Martuis, *lisez* les Martins.
Page 47, ligne 18 : Barnouville, *lisez* Barnonville.
Page 48, ligne 13 : Sarreville, *lisez* Jarreville.
Page 49, ligne 13 : Cussot, *lisez* Cusset.
Page 49, ligne 17 : Souville, *lisez* Sonville.
Page 50, ligne 24 : Bouloy, *lisez* Boulay.
Page 51, ligne 27 : ceintre, *lisez* cintre.
Page 52, ligne 20 : Souisse, *lisez* Jouisse.
Page 53, ligne 18 : Lacuillère, *lisez* La Cuillère.
Page 56, ligne 13 : Fanin ou Savin, *lisez* Fauin ou Favin.
Page 60, ligne 8 : des rois Jean, *lisez* du roi Jean.
Page 64, lignes 2 et 11 : Montréol, *lisez* Montréal.

www.ingramcontent.com/pod-product-compliance
Lightning Source LLC
Chambersburg PA
CBHW070250100426
42743CB00011B/2208